樓宇醫生

U0932031

序一

黃國良測量師
香港測量師學會會長 (2022–2023)

這是一本關於測量師的故事集，同時也是一本關於樓宇安全的寶典。作者們都是香港測量師學會的會員，他們是建築測量師。透過他們的專業知識和豐富經驗，為讀者呈現了一個個真實而又引人入勝的案例，讓大眾市民在閱讀的同時，也能學習及了解到不同的樓宇安全知識和規範。

書中的主角，是一位名叫「Sr 福爾摩 B」的建築測量師，他有著敏銳的觀察力和分析力，能夠解決各種家居和樓宇的問題，不論是新舊樓裝修、維修、保養，還是滲水、渠管等問題，他都能一一迎刃而解。他的身份有點像是一位樓宇版的福爾摩斯，他的故事則像是一部樓宇版的推理小說。

這本書的名字叫做「屋有必測之風雲」，意思是每一間屋都有必要進行之檢測，以確保其安全。我期望這本書能讓更多的人了解測量師的工作和貢獻，引起更多的人關注和重視樓宇安全的問題，並且學會如何預防和處理這些問題。

在此，我要感謝所有參與這本書的測量師會員，他們的創意和努力，讓這本書成為了一本又精彩又創新又寫實的作品。

同樣地，我也要感謝各位親愛的讀者，有您的支持和鼓勵，令到測量師的工作更有意義和價值。就讓大家跟隨「Sr 福爾摩 B」的腳步，一起探索「屋有必測之風雲」，我希望您會喜歡這本書，並且從中獲得知識和樂趣。

序二

張文滔測量師
香港測量師學會建築測量組前主席 （2021–2023）

Sr福爾摩B是一個由香港測量師學會建築測量組創作的小說人物，目的是通過他生動的事件簿，向「屋有必測之風雲」的讀者介紹我們建築測量師的日常工作，和經常要面對及處理的種種事情，藉此令公衆更容易掌握處理樓宇問題應有的方法及建築測量師這專業。自刊登以來，兩年間已有60多篇，反應十分不俗。

相信不少讀者也會好奇，名字上的Sr是代表什麼，其實是測量師(Surveyor)已應用多年的稱謂，以使公眾更容易識別我們測量師。

自2021年開始以來，Sr福爾摩B的故事都是由一群專業的建築測量師一起合力構思的，有超過十位建築測量師參與，題目靈感往往源自於大家過往的工作經驗、時事熱話和法例更新等，文章內出現的專業訊息都是經過共同審視及討論，我們希望文章能有趣味之餘亦有養份，讀者看得開心又有得著。

為了讓更多讀者可以看到我們一班Sr福爾摩B的故事，便於保存，並可隨時重溫，香港測量師學會建築測量組2022-23理事會因此通過了將已刊出的文章結集成書的決議。希望各位會喜歡這一本書。

最後，特別想多謝陳德鳴測量師及學會秘書處職員兩年來為統籌策劃「屋有必測之風雲」專欄所付出過的努力。

自古而來，人類渴求安居。時至今日，即使樓價持續高企，不少人仍願意花盡畢生積蓄，只求覓得一處舒適居所。

無論租樓或買樓，總會遇到各種住屋裝修及保養難題：開放式廚房要入則申請？外牆石屎剝落，業主是否要支付維修費？廁所喉管滲水，遭鄰居投訴？想打通房間，改裝落地玻璃等。

隨着現代社會對房屋功能與設計的要求大增，「屋」不再僅扮演瓦遮頭角色。面對的房屋結構風險和潛在危險，往往並非你我肉眼所見。由此，更需要建築測量師從旁提供專業又可靠的建議。針對樓宇單位的評估工作，十足探長偵查式調查。受到委託，有屋必測，抽絲剝繭找出箇中因由，從癥結堵塞漏洞，杜絕問題，為大家打造宜居的安樂窩。現在一起揭開這本偵查檔案，逐一剖析個案真相吧！

坊間最近流傳着一個名字，褐色風褸是他的標誌。有人說他心思慎密，偵查時手握檢測鏡，絕不錯過一磚一瓦；有人說他惜字如金，每逢出口都是一針見血的專業分析。

唯一肯定的是，哪裡有樓宇家居的裝修保養問題案件，哪裡就有他的蹤跡，他就是建築測量師——福爾摩B。

目錄

【風雲之三　法例風雲】

【風雲之四　滲水風雲】

【風雲之五 牌照風雲】

【風雲之六 維修風雲】

【風雲之七 裝修風雲】

【風雲之八 設計風雲】

【風雲之九 驗樓風雲】

【風雲之十 其他】

風雲之一

大館之囚室迷宮

福爾摩B輕拍朋友阿耀的肩膀，問：「你想好去哪個囚室未？」「A、B、C、D、E、F……」阿耀則皺着眉並在操場上徘徊。他一臉苦惱地看着地圖：「還未，這裏大得像個迷宮。」福爾摩B附和：「也倒是，大館是全港最大的活化項目。」阿耀隨手指向一座白色建築物，說：「去D倉吧，貌似挺新。」福爾摩B聞言，眉頭一挑，反問：「你確定？」福爾摩B繼續說：「域多利監獄建築是法定古蹟，更何況D倉是大館中最古舊的建築之一。」阿耀大吃一驚。福爾摩B托一托眼鏡，說：「一切有賴保育工程。」

六大保育考慮因素

福爾摩B接着說：「不過並不是所有歷史建築物都會列入保育範圍，古諮會的文物評審小組會先按歷史價值、建築價值、組合價值、社會價值和地區價值、保持原貌程度及罕有程度，這六項評審準則來評估歷史建築的文物價值，再經公眾諮詢及古諮會考慮後才會確認評級。」阿耀佯裝好學地問：「那麼D倉所在的域多利監獄屬於哪個評級？」福爾摩B無奈地搖頭：「域多利監獄乃法定古蹟，受《古物及古蹟條例》保護，具最高的文物價值。歷史價值相對較低的歷史建築會分為一、二、三級。」阿耀尷尬地搔頭：「原來是這樣。我又不是文科生，怎會懂歷史呢？」福爾摩B笑而不語。

須符合建築物條例

阿耀搜尋了網上的打卡熱點照片，嚷着要在D倉附近的拱形柱廊拍照，說要做KOL，福爾摩B只好暫時「兼職」攝影師。當阿耀一抬頭，說：「咦？拱門似乎內有玄機。」福爾摩B順着對方的視綫，望見拱門底部的黑色金屬框，他說：「對，這些隱藏式金屬框是用來加固拱門。」他放下攝影機解釋：「D倉曾遭受附近工程和二戰的破壞，在活化前有嚴重沉降和大面積裂痕等問題，團隊除了要平衡建築的歷史價值和外貌外，也要滿足建築物條例及相關法例下的現行要求。」福爾摩B又指向地下說：「除了拱門暗藏玄機，D倉的地基也一樣，地基昔日被損毀，須以重型鐵索包圍加固。因此馬會邀請曾參與翚固意大利比薩斜塔工程的專家研究，他們建議將混凝土逐少注入D倉地基來加固，最終成功保留D倉九成以上的結構。」

阿耀說：「想不到古蹟也要符合建築物條例。」福爾摩B回答：「當然，因為要以公眾安全為先，歷史建築物才能夠『樓芳百世』。如歷史建築物在大多數消防安全及結構不符合現今法例的情況下，專業建築測量師及相關的專業人士會對建築物進行改動及結構的加固工程，例如增加走火通道、改動設計負載、加固原有或增加結構構件，甚至增設升降機作為無障礙通道等。」阿耀恍然大悟：「難怪你會熟悉歷史，原來建築測量師的工作涉獵歷史建築物保育，明明你中學時跟我一樣讀理科。」福爾摩B一笑帶過，繼續帶阿耀遊覽大館。

風雲之一

活化計劃之謎

大學校友 Sarah 約福爾摩Ｂ到母校敍舊，他們在校園內遇見一群社會學學生在擺攤位。Sarah 感嘆：「我以前也像他們一樣『上莊』，想不到眨眼間我已經成為『老鬼』。」福爾摩Ｂ哄她：「哪裏老呢？你臉上沒有半點皺紋。」Sarah 接過學生派的單張，她一見到單張上的「文物保育」四字就開始訴苦：「別說笑吧。話說我現在恨不得變成公司的『老鬼』，因為公司獲政府邀請參與甚麼活化計劃，上司要我交建議書，但我剛轉職到這間公司，不知道該從何入手。」福爾摩Ｂ問：「是《活化歷史建築伙伴計劃》嗎？」Sarah 覺得詫異：「你怎麼會知道？」福爾摩Ｂ托一托眼鏡：「我可能幫到你。」

計劃屬自負盈虧

福爾摩Ｂ問：「你所在的公司是非牟利組織？」Sarah 瞪大雙眼：「你怎麼會知道？我現在任職於一個慈善機構。」福爾摩Ｂ說明：「在該計劃中，政府會物色能夠活化的政府歷史建築，並邀請非牟利機構以社會企業形式使用上述建築物。」Sarah 說：「難怪你知道。」她突然擋在福爾摩Ｂ面前，雙手合十，誠懇地望着福爾摩Ｂ：「不如你教我如何寫建議書。」福爾摩Ｂ笑說道：「大家相識一場，我當然會『江湖救急』。」Sarah 拍福爾摩Ｂ的肩膀說：「不愧是好兄弟。」福爾摩Ｂ接着賣關子：

林鎮顯

「機構需要就服務或營運業務方面遞交建議書，除了要說明如何發揮該歷史建築的歷史價值外，還有……」他擺出拇指和食指交叉的手勢，Sarah 被嚇得後退幾步：「心心手勢？你……喜歡我？」

福爾摩B噗哧一笑，揭曉謎底：「是錢。計劃屬自負盈虧性質，社企要在建議書內解釋如何營運，令社會受惠和提升歷史建築的吸引力。若有充分理據支持，政府將會提供資助，包括收取象徵式租金、一次性撥款以支付建築物大型活化工程的部份或全部費用等。」

建築測量師可參與保育

Sarah 恍然大悟：「那麼保育及維修工作是由非牟利機構抑或政府負責？」福爾摩B指着自己。

Sarah 問：「你？」福爾摩B解釋：「建築測量師及相關專業人士可以因應活化計劃，為歷史建築制定建築文物保育方案。我們既要熟悉歷史建築的歷史背景資料，又要具備建築物的技術知識，亦要為歷史建築進行全面的狀況和結構檢查及分析。」他補充：「歷史建築年代久遠，部分建築的結構已變得十分脆弱或者不符合現今的法例，因此需作出改動以符合建築物條例及相關法例下的現行要求。」

Sarah 靈機一觸：「我不用變公司『老鬼』也能完成建議書，找你作保育及維修工作方面的顧問便可。」福爾摩B又擺出「給錢」的手勢。Sarah 這次終於理解：「放心，我會向公司提議聘請你為活化項目的顧問。」福爾摩B滿意地點頭。

NORTH KOWLOON MAGISTRACY
北九龍裁判法院
SCAD HONG KONG
NORTH KOWLOON MAGISTRACY
北九龍裁判法院

保育風雲

風雲之一

穿越時代的風水陣地

每天都坐在辦公室工作，涼着冷氣，福爾摩B伸一伸懶腰，身體感到額外疲倦，打算周末相約朋友外出走走。剛好，朋友想去屏山文物徑和參觀屏山鄧族文物館，約定星期六在天水圍站集合。

「太好了，終於的起心肝來天水圍，幸得你天時暑熱都願意陪我。」朋友一見到福爾摩B就說。「屏山是個風水寶地，我也是來沾一下好氣色，順便當活動一下。」福爾摩B答話。話畢，他們就隨即出發，探索新界的傳統面貌。

大石砸死蟹

文物徑首兩站是達德公所和聚星樓，達德公所是本港現存唯一專為鄉約聚會和祭祀的公所；而聚星樓是香港現存唯一的古塔，有超過六百年歷史。沿路還途經不同古蹟，以屏山鄧族文物館為終點。

他們一邊行，一邊閒聊，朋友問福爾摩B：「你相信風水嗎？」「不全然吧。但當時屏山居民鄧氏族人相信風水，於 1900 年興建鄧族文物館前身——屏山警署時，曾引起村民不滿。」福爾摩B回答。朋友聽得入神，福爾摩B繼續說：「我們正在前往的舊屏山警署，正正是位於屏山坑頭村屏山嶺的小山崗，那邊不但是風水山地，地理位置更方便監察村民，實在難免村民會不滿。而更重要的是，對當時篤信風水的居民來說，簡直是『大石砸死蟹』，嚴重破壞了鄧氏的風水格局。試問又怎會住得安樂呢？」「我都很相信風水，如果我的風水陣被他人破壞，我一定不會讓他們好過！」朋友搶白說。「所言甚是，從此居民常常都會與英政府發生爭執。這就是風水、居民和英政府矛盾的開端。」福爾摩B接話。

孫兒騎在爺肩上

「這才是開端？」朋友十分詫異。福爾摩B再問朋友：「你知道這條文物徑曾經關閉，不讓外人出入嗎？」朋友一臉驚訝，問道：「為甚麼？當年到底發生了甚麼事？」福爾摩B把故事娓娓道來：「回歸前，政府打算將稔灣改成堆填區，所以要遷徙屏山鄧氏的祖墳——燕子泊樑。村民當然不願意，畢竟又再一次破壞風水。數年後，村民正式被通知要遷徙祖墳。面對勢在必行的遷墳行動，屏山鄧氏族人遂提議將「搬遷稔灣祖墳」作為換取拆卸警署的條件。希望可以以風水交換

稅院流芳
金 祀事孔明 堂

風水，但政府因為屏山警署是法定古蹟而拒絕要求。因此，於1995年5月居民就關閉了文物徑，同年8月，祖墳正式遷徙。」

一路聽着故事，不經不覺就走到鄧族文物館。朋友就問到：「別賣關子，到底何時才復和呢？」

「到了1996年，鄧族提議把屏山警署作為鄧族文物館。1997年，鄧族與港英政府達成多項共識，把屏山警署列作屏山文物徑的一部份，並活化修復舊警署改為屏山鄧族文物館，展出鄧族的歷史、生活、文化。做成一個全新的風水格局：孫兒騎在爺肩上。」

「還好我找對人一起行！我記得之前有見過些歷史圖片，警署是金字形中國瓦頂，為何會點成了平天面？」福爾摩B回答說：「說的沒錯，實情是為了加強防衛，警方在1950年代改成了平頂，並加設瞭望台。」朋友再追問道：「那為甚麼不還原金字頂呢？」「其實活化古蹟都有個重要的原則，就是Spirit of Place。中間要顧及建築物本身及背後的情感、歷史意義等。就例如，鄧族文物館保留了瞭望台，即使已經失去作用，但它見證時代社會的變遷，非常有歷史意義。另外，建築測量師也會衡量改建時會否對建築物本身造成嚴重傷害。如果改建瞭望台的平頂，會危害古蹟結構。所以，最後都保留了平頂設計。」福爾摩B回答說。他們走着走着就走屋頂，看着山下的景色。朋友突然慨嘆說：「古蹟背後果然帶着不同故事，真的應該好好把握機會多多了解。」

風雲之一

活化舊地 不忘故鄉情

假日的西貢熙來攘往，擠滿了來感受假日氣氛的遊客。福爾摩B知道外甥女曦曦最近在學習一些文化及生態保育的課題，便相約來到西貢，陪她到鹽田梓一探究竟。「舅父，今天我們來到西貢有甚麼好逛呢？」四年班的外甥女曦曦嚷着說。「你不是說要看文化古蹟嗎？給多一點耐性，今天我們要搭船喔！」福爾摩B回答說。他倆穿越人群，向着開往鹽田梓的碼頭進發。「是鹽田梓！堂上老師有提過！」曦曦大叫到。

天主教來到客家地

「考考你，你知道鹽田梓名字的由來嗎？」福爾摩B問到。「當然知道！鹽田梓是以島上的鹽田為名，而『梓』是指鄉里，寓意不忘故鄉。」曦曦自信滿滿地說。「真聰明！鹽田梓全盛時期的鹽田曾達六畝之廣。不過因為各種原因，村民放棄了曬鹽，鹽田曾一度被野草覆蓋。」福爾摩B不忘稱讚一下外甥女。他們登上小艇，不消一會就到達了。曦曦一下船就急不及待地問有關聖若瑟小堂的事。福爾摩B一邊行，一邊徐徐說出聖若瑟小堂的故事：「鹽田梓是香港早期、少數全村信奉天主教的客家村落。當年傳教士來到香港傳教，帶領全村信教領洗，村民也就捐出一大塊地給天主教會，興建聖堂和學校。」

修葺教堂活化小島風情

他們走到聖若瑟小堂前，曦曦問：「記得老師說過教堂是很多年前興建的，但看起來還不錯喔！」

「是的，其實建村至今兩百多年，由繁榮興旺，經歷了人去樓空、破落凋零的階段。不過，到了2000年，有了復興社區的運動。直至2004年初，聖若瑟小堂在教會的資助下展開復修工作，為教堂翻新，為整個社區加添生氣。」福爾摩B說。「好像教堂是獲得了一個獎項……」曦曦自言自語道。

「在2005年及2015年，『鹽田梓聖若瑟小堂修繕項目』和鹽田活化項目，分別榮獲聯合國教科文組織頒發亞太區『文化遺產保護優異獎』和『文化遺產保護傑出獎』兩大獎項。自教堂復修之後，連帶附近的村公所和學校、鹽田等有傳統風情文化的地方，都得以活化和復修。可以說是多得教堂的復修，帶動了鹽田梓的文化和生態旅遊，現在才可以帶你來參觀。」福爾摩B補充說。

曦曦看着教堂的建築，問：「這裡復修了哪些部份呢？和之前差不多嗎？」福爾摩B指着教堂的天花說：「因為資金有限，復修工程基本上都是盡量以少干預和改動為主，即使改動都是為了達到復修的最基本要求。」「原來是這樣！」曦曦點頭說。說着說着，另一位參觀的遊人搭話：「之前聽導賞員分享，這裏之前真的頹垣敗瓦，沒甚麼好看的。復修了之後，氣氛好多了。」他身邊的旅伴也搭話：「其實早在復修前，四散的陳家村村民，在每年的5月都會回到這裡，聚首於聖若瑟小堂慶祝一年一度的聖若瑟節，都相當有鄉村氣息。」「不過，復修了之後當了很多活動，又有鹽田工作坊、藝術節，好玩之餘，小島都充滿活力。」

兩位遊人說得興奮，我們也聽得津津有味。但曦曦一聽到有活動玩，就馬上十分興奮，拉着福爾摩B要去看看。福爾摩B見她興致勃勃，就順着她，繼續在小島裏探索。

風雲之一

文化瑰寶 活化舊大澳警署

福爾摩B的大學同窗好友Johnny最近回港探親，就相約好要敍舊。見好友多年都沒回港，就決定帶他到漁鄉風情萬種的大澳走走。他們約好了在東涌碼頭會合，再一起坐船到大澳。「真的好久不見！看到你，就好像回到十多年前讀大學的日子。」Johnny一見到福爾摩B就熱情地打招呼。福爾摩B拍拍Johnny說：「講呢啲～誰讓你十年都不回來一次呢？」會合過後，他們就上船出發。「年青時都沒機會到大澳，只知道大澳是個水鄉。」Johnny說。「就知道你少到鄉郊，特意帶你逛逛。其實大澳有很多景點，如：舊大澳警署、水道上的棚屋、石仔埗街等。稍後就帶你參觀舊大澳警署！」福爾摩B介紹說。

讓古蹟承載不同的故事

他們分享着各自的近況，船也到達了大澳。「大澳這個小島竟然有獨立一個警署？真厲害！」Johnny驚訝地說。「舊大澳警署於1902年興建而成，當時警隊覺得這邊交通方便，加上高地有利打擊海盜，於是就決定在大澳興建一座警署。它是最早建成的離島警署。」福爾摩B解釋道。他們經過大涌橋，沿着石仔埗街一路走向舊大澳警署。福爾摩B繼續說：「但隨着犯罪率下降，警署於1996年正式變成大澳警崗，同年更正式完成歷史任務。」說着他們就走到舊大澳警署前，端詳着眼前的酒店。「原來警署現在變成了大澳文物酒店！這裏的殖民地建築風格，饗有異國風情。」Johnny 說。福爾摩B接話：「主樓是警署最早落成的建築部分，有中式瓦屋頂、法式落地雙扇玻璃門，可謂中西合璧。」

為文化傳承帶來契機

「1902年到現在都已經超過120年歷史，可說是古蹟吧？」Johnny 問到。

「說的沒錯！在 2009 年，舊大澳警署被古物古蹟諮詢委員會評選為二級歷史建築，同年亦展開舊大澳警署活化計劃，2012 年重新開放成酒店。」福爾摩B娓娓道來。Johnny 指着文物探知中心的指示牌，示意向那邊走。他們參觀捕房和囚室時，福爾摩B說：「復修時，其實也保留了不少建築特色，例如眼前的瓦頂、飛簷和拱頂陽台。我們還可以去看看當年留下的炮台和探射燈等古物，一探當年的情境。」他們站在探射燈旁邊，倚着欄桿，看着眼前的海景，Johnny 忽然感慨起來說：「雖然只是第一次來到大澳，在短短路程看到棚屋、曬鹹魚等景色，但都感受到大澳獨特的漁鄉之美。幸好舊警署得以活化，才不至於浪費了這美好文化風情。」

「活化舊警署後，確實為大澳帶來一些改變。不單止成為吸引遊客入住的酒店，也變成推動可持續發展旅遊和保育這個傳統漁村的契機。」福

爾摩 B 補充說。「是活化建築，同時也活化了社區！」Johnny 微笑說。「要不要買些手信？鹹魚、茶果、蝦醬和魚肚都是大澳的必買特產。」福爾摩 B 已磨拳擦掌，準備入手些鮮美乾貨。「好，靠你繼續帶我繼續感受大澳的魅力！」Johnny 邊走邊說。

僭建風雲

風雲之二

消失的露台

福爾摩B與Edan志趣相投，皆因二人都與樓有緣，福爾摩B是建築測量師，而Edan是從英國回流的室內設計師。最近Edan看中了一個樓盤單位，便邀請福爾摩B陪同睇樓，希望他提供一些意見。

Edan對這個單位讚不絕口，最愛其臨海景觀，更分享他的設計大計：「我想把這露台改造成我最愛的泰式設計，並選用深棕木色為主調，打造SPA一樣的泰式家居，足不出戶都可以Staycation啦！」

福爾摩B詳細檢視單位露台，並對照地產經紀所提供的單位圖則及轉讓契的附圖，一直眉頭緊皺，不發一言。Edan繼續自信滿滿地展示其設計：「泰式風格的重點在於圖案簡約、綫條乾淨的家具，配合輕質的天然材料，即使這單位『西斜』也能營造出清爽的環境……」。

參觀過後，兩人來到泰國餐廳吃晚餐，看着好友仍然喋喋不休地分享着新居設計，福爾摩B不禁嘆一口氣，「你的泰式露台大計恐怕……」

Edan伸向菠蘿炒飯的手頓時停在了半空，一臉疑惑，「我的設計出了甚麼問題？」

福爾摩B拿出單位的圖則和轉讓契的附圖，指著客廳位置表示，「單位原先的設計只有一個外露的簷篷，即是圖則上已註明的『Canopy』，現在見到的露台應是前業主非法改建的僭建物，可能已經被屋宇署發出清拆令。」

何謂非法改建？

Edan一臉疑惑，福爾摩B托了托眼鏡，繼續解釋，「簷篷是指在地面水平之上不多於7.5米的高度，自任何建築物的任何牆壁伸出多於500毫米，並以懸臂或托架承托，以供擋雨及防曬之用，但不支承任何樓面荷載的任何構築物。而露台是指自任何建築物的任何牆壁伸出，並以懸臂或托架承托以支承樓面或屋頂荷載的任何構築物。」

「簡單來說，簷篷不可能載人或物品，但露台可以。如果你要購入此單位，必須拆除違規的建築物，否則便需要面臨檢控，後患無窮。」福爾摩B緩緩說道。Edan臉上難掩失落的神情，默不作聲地喝著碗中的冬蔭功湯。

福爾摩B輕拍他肩膀以示安慰：「幸好你長居英國，習慣了當地置業前要找建築測量師檢查單位，所以才能避免這次僭建危機。」Edan直言，「怎說也好，你的出現如同救了小弟一命！」二人苦笑，希望香港能盡快設立相關法例，置業人士買樓前必須委託建築測量師檢查樓宇，令買家得到保障。

THRU
STUDI
Friso
荷蘭
鮮奶直
御峯旺舖

風雲之二

實用面積大於建築面積

福爾摩B收到母親來電，懷疑遇上電話騙案，「剛才收到來電經紀說有『筍盤』推介，回報高，價錢低，強調單位實用面積比建築面積還要大。」福爾摩B輕輕皺眉，母親續說：「雖然十分心動，但為了安全起見，我便說要先找建築測量師的兒子檢查一番，不料對方立刻掛斷電話。」

福爾摩B聽說此事後，心知有「伏」，決定化身臥底進行調查。他假裝成買家與經紀來到港島西區參觀，該單位位於地面樓層，樓宇年齡約30年，大廈依斜坡而建，設有兩個入口進出前後街。

甫踏進屋內，福爾摩B便發現內部空間異常寬敞，經紀神秘地說，「這可是個別有洞天的單位，一個價錢雙重享受，現在不落訂就走寶。」經紀一邊介紹樓盤，福爾摩B一邊仔細地檢視單位每一角落，並將眼光落在附有地台的睡房。

此睡房地台偏高，房間周圍設有極其粗身的支柱和橫樑，與另一邊單位外觀上截然不同。福爾摩B憑經驗推測，這房間有異常。他拿出單位圖則及轉讓契的附圖對照，發現樓盤附有「住宅」及「中空」兩個區域，「中空」是位於此單位後方的斜坡位置。然而，現時睡房卻位於「中空」位置。福爾摩B隨即在屋內和屋外兜了幾圈調查後，勝利的微笑慢慢浮現在他臉上，「果然，是僭建！」

傍晚，福爾摩B剛踏入家門，正在炒菜的母親就拋下圍裙，衝出來催促他分享調查成果。福爾摩B笑道，「經紀說的都是事實，只是當中涉及『僭』行空間」。母親感到疑惑，他遂補充道，「該樓盤涉及僭建『中空』，即是將斜坡位置挖空，用泥土填平，並加設巨型支柱和橫樑作加固工程，所以單位實用面積比建築面積大。」

福爾摩B解釋，實用面積*是指單獨分配給該單位的樓面面積，其中包括露台和其他類似設施的面積，但不包括公用地方，如樓梯、大堂、升降機槽等，建築面積即根據建築物條例，將大面積分攤到每個單位，所以普遍建築面積比實用面積大。今次個案正正相反，全因多出了僭建的面積，「這種僭建情況較為罕見，不但不合法，而且極有可能破壞斜坡和建築結構，導致樓宇安全出現隱憂。如果購入了單位，不但要花費拆卸僭建物，更需聘請專業人士檢查單位，還真是『雙重』享受了！」

母親聽罷苦笑，幸好有兒子調查，不然分分鐘買下「伏」單位。

*可參考香港測量師學會《量度作業守則》

風雲之二

見招拆招

福爾摩B今天來到旺角舊區，身旁「仙氣逼人」的女生正是友人Jenny。當年的大學校花Jenny迷到萬千少男，而今日特別相約福爾摩B幫忙睇樓，任職護士的Jenny說笑道：「醫生我見得多，但這是我第一次跟建築測量師約會。」

Jenny對舊樓單位相當滿意，雖然面積不大，但屋內絕無伏位，可謂千載難逢的單位。然而，正當福爾摩B走近窗戶，他搖搖頭表示：「單位內部是不錯，但你看看外面。」從舊樓延伸出來的廣告招牌不只殘舊及有破損，店舖名稱亦被塗掉，旁邊另一招牌甚至只剩下支撐鐵架。

Jenny一臉疑惑，「這些舊招牌和我有關係？」

招牌擁有人

「一旦成為業主，你就有可能是這些招牌的擁有人。」福爾摩B解釋，這些棄置招牌屬無人認領，故招牌擁有人為大廈的業主立案法團或外牆業主。「你再仔細看看，這些招牌的狀況非常惡劣，鋼鐵銹蝕，支撐鐵架嚴重扭曲，絕對需要進行維修及保養工程，甚至進行清拆。若招牌不幸墮下的話，不單只危害路人，業主立案法團或業主更須負上法律及賠償責任。」

Jenny大吃一驚，隨即記起她的二叔在同區都有店舖，「我二叔在同區都有設置招牌，由設置至今亦有二十多年，不過他每年都會進行定期保養，對老招牌滿有感情。」福爾摩B滿意地說：「做法正確。」此外，屋宇署有招牌檢核計劃，可供規模較小及潛在風險較低的招牌之擁有人參與，計劃將委任合資格人士檢查招牌，有需要時為招牌進行鞏固工程，通過檢核的招牌可保存五年，其後招牌擁有人必須重新進行檢核或將該等招牌拆除。

但福爾摩B指出，若招牌出現日久失修的情況，日後若參加相關計劃，所需要的成本可能更高。若招牌被評為不合規格，需要進行維修，甚至需要拆卸，所需的費用一定會比定期保養的費用更貴。所以，Jenny二叔的做法十分正確。

「今天多得你的仗義相助，我才能避免中『招』。」Jenny無比感激地說。面對她仰慕的神情，福爾摩B不好意思地撓頭，謙虛地說：「太客氣了，我也是見『招』拆『招』。」

DIRTY RHYTHM
2024首支個人單曲
AVENUE
NICHOLS
BEAUTY AVENUE
HARVEY NICHOLS
sincere 先施 MK
喜來稀肉
九龍站 KOWLOON STATION 281A
S18
KMB
VG 6872

風雲之二

隱形僭建樓

福爾摩B今天與友人Tommy到舊區睇樓，Tommy滿心歡喜說：「雖然樓齡高，但勝在單位夠大，可以打造我理想的安樂窩！」福爾摩B一言不發，視察四周環境，看見他神色凝重，Tommy躊躇着，詢問：「有古怪？」福爾摩B打破沉默：「恐怕無法打造你的安樂窩了，這單位超過六成都是僭建物，包括這個平台構築物。」

Tommy驚訝地說：「假若我購入了單位，但僭建物在購入前已存在，我仍須為此負責嗎？」福爾摩B點頭：「當然要。」無論僭建的「元兇」是上一手業主或再前一手業主，屋宇署都可以向僭建物座落的處所擁有人發出清拆令。

不遵從清拆令的後果

Tommy嘆氣：「若然我購入這物業後收到清拆令，這單位超過六成的地方都要清拆，我可否不進行清拆？」福爾摩B嚴聲說：「千萬不可！」收到清拆令而沒有在限期內完成清拆，又沒有合理解釋，會被檢控和罰款。近年法庭就嚴重違反清拆令的案件，曾判處監禁或緩刑。業主若不理會清拆令，屋宇署有權直接清拆僭建物，並向該擁有人追討相關費用。

此外，清拆令亦有機會紀錄於土地註冊處，俗稱「釘契」。如物業有按

揭，相關的財務機構亦會知悉。而僭建問題嚴重，甚至會危害樓宇結構安全。

Tommy 舉手投降：「明白了……我應該找哪些人士拆除僭建物？」福爾摩B說：「根據現行法例，清拆不同類型的僭建物已被納入不同的小型工程級別，應按級別委聘註冊承建商進行清拆工程，如屬一級，更須委聘建築專業人士（如不涉及結構及岩土元素，即認可人士）。」

建築專業人士助勘察

「我又不是專業人士，日後睇樓應如何辨認僭建物？」Tommy 無助地說。福爾摩B清喉嚨後說：「當然要找建築測量師等專業人士。」物業買賣責任重大，為保障自己的權益，最好在購入前找建築測量師等專業人士，對物業仔細勘察，了解是否存在僭建物，其涉及範圍及相關影響，並檢查單位內其他位置，以免購入單位後，需要再花費清拆及裝修。

Tommy 輕拍福爾摩B肩膀：「幸好有你幫忙，不然我的荷包不保！」

「我為你擋劫，不如你請我喝杯咖啡。」福爾摩B輕笑。「當然可以，以後睇樓都會事先約你！」Tommy 笑說。

風雲之二

冷氣機支架僭建

福爾摩B受到某幢工廈的業主立案法團主席Ken的委托，調查頂層單位是否存在僭建物，怎料頂層單位業主Leo一聽見自己所在單位被指有僭建物，他就站在單位門前激動地說：「冤枉！冤枉！我沒問題的。」Ken面有難色地說：「可是我接到投訴，指你的單位有僭建物。」福爾摩B勸喻：「被冤枉與否，讓我和Ken進屋後自有定論。」Leo聽罷不忿地打開大門，讓他們進內調查。

第三類小型工程

Ken一進屋便打了個噴嚏。福爾摩B則留意到Leo的單位內設有多個冷氣機遙控器。於是福爾摩B直逕走往窗邊，發現到窗外設有多台冷氣機。福爾摩B指着窗外說：「找到『疑兇』了。」Leo和Ken面面相覷，一起行近窗邊，順着福爾摩B所指的方向望過去，是一個表面光滑、從外牆伸出的冷氣機支架。福爾摩B問：「你是否最近加建了冷氣機支架？」Leo不明所以地搔頭，問：「加裝冷氣機支架也屬僭建？」福爾摩B解釋：「豎設或改動自建築物外牆伸出的承托冷氣機支架的話，其支架必須與地面的距離超過3米、並無任何部分伸出該外牆多於600毫米、經設計用作支承重量不超過100公斤的冷氣機，以及不會導致對任何懸臂式平板造成額外荷載。」他又補充：「而且你的冷氣機支架應屬第三類小型工程，進行工程前要先委任訂明註冊承建商，然後在完工後14天內呈交完工通知及證明書、相關文件和照片至屋宇署，否則涉及僭建。」在旁的Ken戴上老花眼鏡，翻查手上的大廈圖則紀錄，他驚呼：「咦？這個冷氣機支架未有在圖則上標示。若有提交過文件至屋宇署，大廈圖則必定有紀錄。」Ken抱怨：「我豈不是要花錢拆除支架？」

屋宇署可發清拆令

福爾摩B回應：「你不得不正視僭建問題。屋宇署可根據《建築物條例》第24條（1）發出俗稱『清拆令』的法定命令，着令業主在指定限期內清拆有關的僭建物，或糾正有關違例情況，並可將命令在土地註冊處登記於有關物業業權記錄上。」他接着說：「假如有關工程未能在限期內進行，建築事務監督可向無合理辯解而不遵從命令的業主提出檢控，一經定罪，違例者可被處罰款2萬元及監禁1年。」

Leo嚇得倒抽一口涼氣。福爾摩B對着Leo嚴肅地說：「有僭建物應立即糾正，因為可能對大廈結構造成負荷，還會對行人構成危險。」Leo頓時低下頭來，不敢再抱怨。

Ken緩解氣氛，打趣：「你作為業主，遇見僭建物別打算『潛水』，要對大廈其他使用者負責。」福爾摩B接着附和：「對，若果是在意拆卸僭建支架的費用問題，你大可以向他人『磅水』，但絕不能『潛水』，否則你本人就『凍過水』——要承擔法律後果。」

風雲之三

傷健共融

福爾摩B相約朋友Ryan在咖啡店閒聊，鍾情咖啡的Ryan早已籌備成為咖啡店的東主，但這天Ryan的神情比面前的齋啡還要苦。Ryan嘆一口氣：「我從義務工作結識了一些殘疾人士，因而想到開一間社企咖啡店，既能讓他們一展所長，又能滿足我這個『啡痴』，可惜不少大廈的無障礙設施並不齊全。」

須按手冊加入無障礙設施

福爾摩B認真地想了想：「我建議你物色符合屋宇署設計手冊的大廈。」屋宇署在2008年公布了《設計手冊：暢通無阻的通道》，規定新建樓宇和改建或加建的樓宇，在設計圖則時須加入無障礙設施，否則屋宇署有權拒絕批核圖則。

Ryan頓時雙目發光：「太好了！商業或商住兩用的大廈是否均受守則規管？」福爾摩B輕輕點頭：「沒錯，適用於住宅樓宇的所有公用地方，及商用或工業用途的非住宅樓宇，包括單位內。」

符合基本要求暢通無阻

Ryan 提出疑問，「在物色單位上，有甚麼注意事項？」福爾摩B輕扶鏡框，「須注意大廈內是否暢通無阻。」他解釋，即殘疾人士可無須他人的協助，便可在大廈自由走動。

大廈門口須設置斜坡，及盡量減少級數，並設置引路徑，可沿路到達無障礙詢問或服務櫃檯、升降機以及洗手間。各樓層移動空間的闊度不得少於 1050 毫米。而設有洗手間的樓層，須同時設有殘疾人士專用洗手間。而在洗手間內及樓層通道的盡頭，應預留 1.2 至 1.5 米的迴旋空間，讓輪椅能調頭。「除此之外，按照建築物的實際用途，對附加的輔助設施有不同規定，設施包括觸覺點字及觸覺平面地圖、視像顯示板、視像警報系統、聆聽輔助系統、特定方向指示標誌等，以照顧到不同的殘疾人士。」

毋須他人助可自由走動

福爾摩B補充：「現時在我們的社區，要建立無障礙環境，仍然有很大的改善空間。」例如常用的平台式輪椅輔助設施，讓輪椅能上落梯級，但設施的設計過時，不但需要召喚保安員幫忙，而且啟動機器工序多又費時，所以現已從以上守則中廢除，由垂直升降台取代，讓殘疾人士在不需要他人的幫忙下，暢通無阻、平等地在社區生活。

福爾摩B提醒 Ryan，「以上只是無障礙設施的基本要求，作為未來老闆，你物色單位時，緊記要仔細視察不同細節，將來進行室內設計時，不單要注意客人使用的地方，在員工的地方也應設計到傷健共融，方便日後聘請殘疾人士工作。」

Ryan 同意，並試探地問，「你對無障礙設施見多識廣，有興趣來當顧問嗎？」福爾摩B笑言，「『秘撈』恐怕不太好，我還是免費給你諮詢。」

風雲之三

在工廈經營派對房間合法嗎？

這天，福爾摩B在晚餐聚會中，與朋友Johnny邊提着酒杯，邊談起投資工廈的想法。「我最近計劃購入工廈單位作投資，而我又熱愛和朋友聚會，所以想經營派對房間的生意。」Johnny知道福爾摩B是建築測量師，於是想了解他的專業意見。

福爾摩B輕輕皺眉：「派對房間屬於商業活動，在工廈營運派對房間是不合法的，因為部分工廈的地契訂明，只准用作工業或倉庫用途，及給予文化藝術、創意產業及創新科技界作相關用途。」

Johnny聳聳肩：「但現時不少人租用工廈單位用作不同商業用途，那我也可以跟潮流作投資吧！」福爾摩B搖頭嘆息：「你不應明知故犯，況且，工廈的原有設計並不適合使用作派對房間，或其他可能會吸引外來客人使用的用途。」以走火通道為例，無法容納公眾人流，而逃生指示的清晰程度亦低，外來客人不熟悉工廈的環境，當火警發生時就變得危險。

工廈禁派對房間經營

「此外，在工廈經營派對房間，是無法領取牌照。」現時法例上沒有專門適用於派對房間的牌照。即使想領取「公眾娛樂場所牌照」、「普通食肆牌照」或持有「會社合格證明書」（會所牌照）等，以經營派對房

時裝診所
Fashion Clinic
TAXI

間，亦是不可行。

Johnny 若有所思：「那麼我改變主意，把單位分間出租又可以嗎？」福爾摩B想了想：「在一般情況下，當然可以分間，但必須符合消防條例，並且確保租客不會將你的單位作上述除工業或倉庫外，或其他非容許的用途。」

工廈單位不適合居住

Johnny 暗笑着說：「現時的法例似乎存在灰色地帶，工業用途的定義廣泛，例如表面用作工作室，實則是住用……」福爾摩B無奈地打斷：「你想也別想！地政總署及屋宇署會定期視察目標工廈，包括晚上，一旦發現違契，及有住用的客戶，會向單位業主發出警告信，要求還原單位作合適的用途，不遵從可被『釘契』甚至重收物業，及面臨檢控。」

事實上，工廈的設施和環境也不適宜居住。「雖然法例容許工廈單位分間出租，卻規定不能設有獨立洗手間，而且工業用途的單位不需有窗戶，導致新鮮空氣無法進入室內，空氣不流通。」加上工廈有其他工業活動，令工廈並不適合居住，亦要留意大廈公契就可用的用途之條款。Johnny 失落地嘆氣，福爾摩B苦笑道：「若想與朋友聚會，不一定要到派對房間，下次到我的酒吧再聚吧！」

風雲之三

小型工程不能小看

表弟 Andy 在家庭群組傳來訊息。福爾摩B一看，熱愛動手修理家居的表弟又有「新搞作」，這次他想在窗外安裝晾衣架，和親戚正熱烈地討論。福爾摩B看着便一額汗，馬上打給 Andy：「停一停。豎設晾衣架屬於小型工程，必須由註冊承建商處理。」

小型工程監管制度

Andy 錯愕地說：「甚麼是小型工程？」福爾摩B解釋，小型工程分為8類：改建及加建工程、修葺工程、關乎招牌的工程、排水工程、關乎適意設施的工程、飾面工程、拆卸工程、以及關乎建築物內通風系統的工程。私人住宅比較常見的項目，包括改動間隔、修葺或更換窗戶、結構維修等。

語帶輕佻的 Andy 說：「既然小型，我有齊工具，亦可是裝修『師傅』。」福爾摩B說：「現時共有 187 項工程項目被納入小型工程，數量也不少。」這些項目按其性質和規模分為3個級別，1級項目的複雜程度及安全風險最高，3級為最低。按照各級別的要求，分別須由訂明的建築專業人士或註冊承建商製備和簽署圖則。任何非訂明人士進行小型工程都屬違法，可被罰款和監禁。如工程出現意外，相關工傷或第三者保險也可能不獲賠償。

簡化規定免除申請

Andy感到疑惑，問：「小型工程和其他工程項目有甚麼不同？」福爾摩B指出，小型工程監管制度是個簡化規定，符合要求的工程項目，展開時不須事先得到屋宇署的批准及同意。「不過在完工後須向屋宇署通報，1級及2級項目更須在展開前通報。」

程序雖然簡化，但為確保樓宇質量及安全，法定要求1級項目必須由訂明專業人士進行設計，及在其監督下由註冊承建商進行；2級及3級項目，則全由註冊承建商負責。

慎防漏報工程項目

Andy追問：「進行小型工程，還有甚麼需要留意？」福爾摩B想了想：「小型工程的項目可能會比較零碎，並包含多個小型工程項目，因此在籌劃工程時要小心避免遺漏任何項目。」沒有按規定進行小型工程屬違例，亦可能造成僭建，影響樓宇安全及日後買賣。「商鋪的小型工程如有漏報，更有機會影響發牌。」因此建議在籌劃工程前諮詢有經驗的建築專業人士。

此外，簽訂工程合約時，要確保服務供應商能提供相關的註冊證明。如有懷疑，可向屋宇署核實身份。而工程費須包含一切小型工程通報及監工要求，以免產生額外費用。

心有不甘的Andy說：「還打算大展身手，看來還是要委任合資格人士。」福爾摩B笑言：「雖說是小型工程，也絕不能『小看』。」

風雲之三

理想劏房？

這些年來，福爾摩B破解了許多棘手房屋問題，身價逐漸「水漲船高」，不少機構爭相邀他作演講嘉賓。這天趁着假期，他抽空來到自己的大學母校與學弟學妹們互動，順便回到舊地懷緬一下「那些年」的回憶。

看着這班充滿朝氣活力的年輕一代，福爾摩B也活潑起來，問道：「對於香港房屋，大家有甚麼看法呢？」一位男同學舉手回答：「香港的房屋就是貴和細！就算是畢業後也很難擁有一個自己的空間，連拍拖都沒有地方，難怪我沒有女朋友。」語畢，頓時哄堂大笑。

的確，福爾摩B也深有同感，「所以面對香港如此高昂租金，不少人都會選擇租劏房，不知道大家對此認識有多深呢？」他隨即展示出了一張網上截圖，圖中是一個頗為整潔的劏房單位，業主更強調這是合法間隔，租金比市價便宜，是「手快有，手慢無」的「筍盤」。

「大家認為這間劏房值得租嗎？」福爾摩B問道。同學議論紛紛，一位女同學說：「我覺得物超所值，看上去乾淨又企理，好過那些又殘又舊的唐樓。」福爾摩B笑而不語，隨即又展示了另一張圖片，依然是同一個單位，但單位廁所的間隔十分奇怪，外部走廊環境也不是正規住宅，而是工廠大廈。「如果單位是這樣的話，你也想繼續租住嗎？」福爾摩B追問。女同學面露難色，思考了一會兒說：「我應該也是會租的，畢

竟價錢真的很吸引，而且其實工廠大廈，也只不過是環境嘈雜了些少，不礙事。」

合法性與環境衛生

福爾摩B點頭示意她坐下，笑道：「各位同學，這便是我今天來的目的了。不論大家有多迫切想擁有自住空間，房屋安全問題一點也不能忽視。首先，劏房由一個樓宇單位分間成兩個或以上的獨立房屋，與原生的設計已有好大分別。普遍劏房的套廁都沒有窗戶，廢氣和病菌容易擴散到整個單位，而污水渠在室內接駁，容易淤塞並污染室內空氣，因此劏房難以百分百安全及符合衛生要求，業主所聲稱的『合法間隔』很多時候也只是一個噱頭。」

違法租住工廈單位

福爾摩B托了托眼鏡，繼續說明：「第二，千萬不能為了貪小便宜而租住工廈劏房，因為這樣不但是違反樓宇使用用途的犯法行為，而且工廠治安較為疏漏，發生意外時難以被即時察覺，分分鐘就與『定時炸彈』成為鄰居！」

「第三，近期的屋邨縱火案相信大家也有所留意，消防隱患也是選擇住處是一個重大考慮因素。租屋前要確保該棟大廈火警逃生途徑的淨闊度不得少於75厘米，而且樓宇單位原有入口的防火門、劏房的入口門及間隔牆，應有不少於1小時的耐火效能，確保在火災時能順利逃生。」

演講完結後，同學們紛紛交頭接耳，議論紛紛，相信都在重新計劃着自己往後的獨居生活吧！福爾摩B也彷彿看見了往日那個期盼畢業的自己，轉眼間也已經成為了一個能過上夢想中自住的大人了，然而「那些年」苦苦尋覓的女朋友……緣份卻似乎仍未到呢？

風雲之三

風的季節

「本港風勢逐漸增強，天文台會於今晚11時或之前改發8號烈風或暴風訊號……」收音機正播放着天氣報告，的士司機喃喃自語：「打風有甚麼可怕，我家坐北向南也未曾怕，用牛皮膠紙就一勞永逸。」「膠紙止得一時，止不住一季。」福爾摩B坐在後座插話。司機望了一眼倒後鏡便嘲諷：「你又知？年輕人，我食鹽多過你食米。」福爾摩B看手錶，見時間尚早，於是勾起嘴角：「去你家自有分曉。」司機爽快答應：「好！我叫馬叔，就看你葫蘆裏賣甚麼藥。」

首先驗窗

他們來到一座土瓜灣唐樓，福爾摩B開始皺眉。一踏入馬叔的家，他就逕直走向窗邊，看到屋內窗架方直、沒有變形。他亦沿着窗的連接位仔細觀察，窗鉸內有足夠的螺絲及拉釘。馬叔問：「你在看甚麼？」福爾摩B回應，「天文台預告會下大雨，所以觀察有否滲水問題。」馬叔又問：「難道你從事裝修？」福爾摩B笑而不語，過了一會才說：「窗槽排水孔沒有阻塞，防水膠邊和壓邊膠雖然有輕微老化迹象，但也算完整。」

再搬雜物

檢查完窗，福爾摩B感到悶熱，因此他脫下西裝外套，怎料差點碰到窗邊的盆栽。馬叔見狀大喊：「小心！」然後他湊近花盆逐一檢查花葉是否完好。福爾摩B拿起一盆花說：「如果窗被颱風吹爛，或會吹走窗邊的物件，故此應收妥貴重物品。」他探頭見外牆設有晾衣架並掛起衣服，便說：「外牆上的設施也要收起，以免被吹走。」說罷，他將盆栽都移至茶几上，而馬叔則忙着收衣服。差不多收拾好，福爾摩B無意間抬頭，發現窗口式冷氣機有陷阱。

膠紙密封

他立刻提醒：「冷氣機位可能會滲水，因為接駁窗口的邊膠有缺口。你應該找專業人士修補膠邊。」馬叔憂心地說：「糟糕！聽說這次會吹東南風，我家豈不會遭殃？」福爾摩B安慰道：「不用怕，可以暫時用布堵住冷氣機四周。」他又接着說：「現在可以貼牛皮膠紙了。」

馬叔揶揄：「你不是說『膠紙止得一時』嗎，為何仍要黏膠紙？」福爾摩B回答：「膠紙的確可減輕颱風與玻璃產生的共振，若玻璃爆破也可防止碎片四散，不過前提為窗戶本身無問題，膠紙方能發揮作用。另外貼『米』字型膠紙最為穩妥。」語音未落，馬叔已經找到牛皮膠紙。福爾摩B上前自動請纓：「馬叔，我來幫手吧！」馬叔即說，「好，麻煩你了。」

他們貼完膠紙後，福爾摩B就遞上卡名，馬叔才知眼前的年輕人是建築測量師，他稱讚：「原來你葫蘆裏賣『測量貼士』。年紀輕輕就懂那麼多，真了不起。」福爾摩B說：「過獎。」馬叔拍他的肩膀：「日後的士同業要驗樓的話，一定介紹給你。」福爾摩B微笑：「先謝謝你。」

風雲之三

樓層結界

摯友 Harry 深夜在家玩驚慄電腦遊戲時，福爾摩B打電話來，他煞有介事地說：「在我家的空中花園等。」到達屋苑後，Harry 在升降機內按下顯示「空中花園」的層數，怎料踏出升降機後一片空曠，只見旁邊有道門。Harry 欲伸手開門之際，卻突然聽到門後有風鈴聲，他立即縮手，連忙致電福爾摩B。福爾摩B悠然地說：「我在花園，你在哪裏？」Harry 聲音顫抖地說：「不知道，這裏沒有人和花，只有……風鈴聲。」福爾摩B說：「嗯？但我聽不到風鈴聲。」Harry 大吃一驚：「現在是農曆七月，難道我來到消失的樓層？」

供人避火的庇護層

於是福爾摩B說：「我來找你，bye……」Harry 喝停：「不要掛綫，這裏很僻靜，不如你一邊行一邊講電話。」Harry 恰巧看見一塊印有「庇護層」的指示牌，便隨意找個話題：「甚麼是庇護層？」福爾摩B解釋：「庇護層又稱避火層。當火警發生時可當臨時庇護處，讓人暫時停留在安全情況下逃生或等候救援。」Harry 又說：「可是我家所在的大廈沒有庇護層。」福爾摩B回答：「1996 年後落成的樓宇才必須根據屋宇署的守則提供庇護層。超過25層的樓宇應設庇護層，非工業建築物則要每25層提供1層庇護層。」Harry 忽然想起：「你家在50樓，大廈在2018年落成。咦？我不是來到消失的樓層，而是來到庇護層所在的樓層，門後可能是花園。」福爾摩B說：「我開了門。咦，你呢？」Harry回答：「沒有人開門。喂？」通話突然中斷，門外再次傳來風鈴聲，並隱約聽到淒怨女子哭聲。Harry被嚇得瑟縮在牆角並默唸：「有怪莫怪！」

設空中花園仍合法

眼前的門被打開，Harry看到救星福爾摩B出現，立刻上前說：「我剛才聽到哭聲。」他指着燈說：「幸好燈火通明，我才不太害怕。」福爾摩B解釋：「庇護層每個部分都要有照明系統和後備緊急照明系統。」他又說：「帶你參觀花園吧，早前入伙你還沒來過。」Harry反問：「原來空中花園是庇護層。庇護層供人避火，但花園有木椅、垃圾桶等助燃物品，豈不是弄巧反拙？」福爾摩B回話：「空中花園是合法的。不過事前需經過建築事務監督和消防處等認可人士研究，除了要安裝消防裝置外，花園內所有設施都是不可燃物料。」Harry突然抱着雙臂，喃喃自語：「這裏陰風陣陣。」福爾摩B笑言：「庇護層的圍牆以上應有兩邊敞開，以產生足夠空氣對流。一早勸你少玩驚慄遊戲，弄得你總是疑神疑鬼。」

身旁的福爾摩B驟然消失，Harry感覺到有人拍自己肩膀，頓時面色煞白，回頭方知是福爾摩B。他拿着生日帽和兩部電話，電話播放着風鈴和女聲音效，接着說：「過12點了，生日快樂！特別為你這位生於農曆七月十四的壽星安排，驚喜嗎？」Harry無奈地說：「驚多於喜才對，原來是你在裝神弄鬼。」福爾摩B說：「庇護層內不可點明火，來我家切蛋糕和吹蠟燭吧！」

風雲之三

門常闔

由於表妹 Angel 一家三口即將移民，一眾親戚提早慶祝中秋節，來到 Angel 母親家，即是福爾摩B的三姨媽家中作客。表姨甥霖霖不久前學會走路，他拿着一個有自己大半個人高的紙燈籠，跌跌撞撞地到大門迎接表舅父福爾摩B，可是被燈籠絆倒並哭起來。剛入門的福爾摩B聽到哭聲便馬上抱起霖霖，霖霖見到福爾摩B就不哭。Angel 也趕過來看，她問：「我兒子沒事嗎？」「霖霖無事，但大門有事。」

防火門必須「門常闔」

三姨媽感到不悅，皺起眉頭說：「過時過節別掃興。」Angel 開解：「福爾摩B關心你而已。」她使勁向福爾摩B打眼色。福爾摩B於是接着說：「三姨媽和三姨丈已經退休，你們長期留在家中要注意家居隱患。」三姨媽不情願地說：「說吧。」福爾摩B把懷中的霖霖交給 Angel。大門是一道實木門，福爾摩B開門並放開門柄，眼見大門半掩，他說：「防火門理應自動關上。」福爾摩B隨即指向門頂的油漆脫落痕迹，問：「這裏原本是否有個俗稱『門頂氣鼓』的外露式自動關門器？」三姨媽走去關門，笑說：「三姨丈嫌這道門關得慢，上周他關門時夾到手指便發脾氣拆了門鼓。其實手動關門挺方便。」福爾摩B說：「防火門需『門常闔』，否則會破壞整個防火功能和違反《消防安全（建築物）條例》。」

B

三姨媽大吃一驚，說：「單位的防火門亦受法例規管？既然防火門受法例規管，那麼換門鉸要向屋宇署申請嗎？」

防火門屬豁免審批工程

福爾摩B說：「不用，門扇更換工程屬建築物條例下豁免審批工程類別，不過一切設計都要合乎建築物條例。」他打開大門、靠近門鉸說：「防火門應採用不銹鋼門鉸，而非這個尼龍鉸。」

Angel緊張地問：「媽，你何時換門鉸？」三姨媽不好意思地說：「唉，早前送貨工人搬櫃時撞壞門鉸，三姨丈不願請人換，隨意在五金舖買了個門鉸。」Angel激動得跺腳說：「媽，你叫我如何放心移民？」福爾摩B安慰道：「別擔心，有我在。雖然防火門的配件有缺失，但門底有防火防煙條，防火門的耐火設計應該沒更動過，至少有1小時耐火時效。」他提醒三姨媽：「你也不想Angel終日提心吊膽，最好盡快安裝自動關門器和改換不銹鋼門鉸。若果你嫌換配件麻煩，乾脆想換過一道新的防火門的話，記得新防火門要備有認可的耐火證書。」三姨媽答應：「好。我們去客廳吧。」

三姨丈看見霖霖手上的紙燈籠，就摸着口袋說：「未點燈。」福爾摩B擔心有吸煙習慣的他會拿出打火機：「霖霖還小，不能用蠟燭。除了防火門外，其他耐火間隔未知合規與否。」此時，三姨丈卻從口袋裏拿出迷你電筒。Angel揶揄：「你不僅是建築測量師，還是『緊張大師』。」福爾摩B笑而不語，對霖霖說：「長大後你也做建築測量師，好嗎？」霖霖似懂非懂地點頭。

風雲之三

逐「嚇令」

初中同學Charles一進到福爾摩B的辦公室便氣喘吁吁地說：「不好了，我未婚妻Alice與地產經紀走……」

福爾摩B瞪大眼睛，Charles接着說：「……走到土地註冊處查冊，才發現Alice看中的單位物業涉及的『轇轕』附帶一堆字母、符號及數字。」

福爾摩B徐徐地喝一口咖啡說：「這是法定命令，對部分有意購入相關單位的買家而言是逐客令。」Charles驚呼：「甚麼？」

屋宇署會根據條例執法

福爾摩B解釋：「屋宇署會根據《建築物條例》執法，向未有妥善保養樓宇的業主發出法定命令，業主在接獲法定命令後應立即修葺，或者聘任一名認可人士將勘測結果中就破舊或欠妥之處提出的補救工程建議，呈交至建築事務監督批准。」Charles想起：「查冊時有24（1）和30C。」福爾摩B回答：「第24（1）條一般用於僭建物，屋宇署可頒令要求業主拆卸、移去或改動；第30C條是強制驗窗法定通知，屋宇署會向樓齡達10年或以上（3層以下的住用樓宇除外）的私人樓宇業主送達法定通知，業主須委任一名合資格人士就樓宇所有窗戶進行訂明檢驗。」Charles插話：「一個是法定命令，一個是法定通知，違反後

者的後果應該較少。」

福爾摩B搖頭：「無論違反法定通知抑或法定命令都要負上法律後果。」

不執行法定命令或要上庭

Charles追問：「甚麼法律後果？」「法定命令和通知均列明執行限期，時限因應個別情況而定。限期屆滿仍未遵從而又欠合理辯解的話可能被檢控，一經定罪或會被判處罰款。」Charles又問：「是否交了罰款就不用處理法定命令？」

福爾摩B嚴肅地說：「不是。若不依從法定命令，最嚴重會被判監禁。」

Charles結巴：「入……入獄？法定命令豈止逐客令，簡直是『逐嚇令』。」他再次試探：「其實僭建物是舊有業主造成的，新業主沒責任代為清拆，對嗎？」

福爾摩B一反平日温文爾雅的形象，不禁提高音

《建築物條例》
（第123章）
建築事務監督根據第30C(4)條發出的通知

通知編號：HD/		房屋局常任秘書長辦公室 獨立審查組 香港九龍黃大仙 龍翔道138號 龍翔辦公大樓8樓
檔案檔號：HD		
致：	SHUN CHI COURT NOS.10 SHUN CHI STREET KOWLOON 的業主	日期：
處所位於：	BLOCK E OF SHUN CHI COURT NOS.10 SHUN CHI STREET KOWLOON	
在（地段編號）	THE REMAINING PORTION OF NEW KOWLOON INLAND LOT NO. 5761	

本人現行使《建築物條例》第30C(4)條所賦予的權力向你發出通知，規定在以下指明的限期內，就你的處所的窗戶進行訂明檢驗及（如有需要）訂明修葺：

a) 在本通知的日期起計6個月內完成訂明檢驗及如根據《建築物條例》第30C(6)條的規定需要進行的訂明修葺。

2. 訂明檢驗及(如有需要)訂明修葺必須按照《建築物條例》及相關規例包括《建築物(檢驗及修葺)規例》的條文規定進行。

附註
(一) 請留意建築物條例第30C(8)、30C(9)及33條的條文。
(二) 如你就對這項通知提出上訴，可向建築物上訴審裁小組秘書發出上訴通知，該上訴通知須於此項通知發出之日後不遲於21天送達上訴審裁小組秘書(地址：香港九龍彌敦道345號永安九龍中心10樓1005-06室，傳真號碼：(852)3579 4971)。如需要進一步資料，請參閱隨同此項通知以附錄形式送交你的函件或登入屋宇署網址(www.bd.gov.hk)瀏覽。

BUILDINGS ORDINANCE (CAP. 123)

Order by the Building Authority under section 24(1)

Order No.:
BD Ref. :
To :

Office of the Building Authority
12/F - 18/F., Pioneer Centre,
750 Nathan Road, Mongkok,
Kowloon.

Date:

Owner(s) of the premises at: Road, Hong Kong

on (Lot Number)

It has been brought to my attention that the following building works have been carried out in or at the above premises:

(i) A structure with flower rack on and over the approved flower box facing Road of the premises;
(ii) A projecting structure attached to the external wall at the re-entrant facing ; and
(iii) A metal gate at the entrance opening out on to the common corridor.

(The location of the building works described above is shown hatched-black on the plan annexed hereto, for the purpose of identification only.)

2. For the said building works:

(a) The building works at items (i) & (ii) above have been carried out without having first obtained from me the approval of building plans and consent for the commencement of such building works required by section 14 of the Buildings Ordinance.
(b) As a result of the building works at item (iii) above, Regulation 41(1) of the Building (Planning) Regulations, which requires the building to be provided with such means of escape in case of emergency as required by the intended use of the building, has been contravened.

3. In exercise of the powers vested in me under section 24(1) of the Buildings Ordinance, I hereby order you to :-

(a) demolish the said building works described under items (i), (ii) & (iii) above; and
(b) reinstate the parts of the building so affected by the building works under items (i), (ii) & (iii) above in accordance with the plans approved by the Building Authority.

Adequate precautionary measures to ensure public safety should be provided prior to and during the course of works.

4. You are required to commence the works ordered by me in paragraph 3 above within 30 days and complete such works within 60 days of the date of this order, all to th ing Authority.

c.c. Land Registrar
Your attention is drawn to the provisions of sections 24(3), 24(4A) and 33 of the Buildings Ordinance.
BD 109 (Type b) (Rev. 10/2009)

量斥責：「大錯特錯，當你在查冊時看到法定命令，意味着屋宇署已將法定命令交予土地註冊處登記，直至命令獲遵從後才會註銷，即是新業主要承擔所有法定命令。切記即使處所沒有法定命令也不代表無僭建物。此外，樓宇準買家須視察其擬購入的物業，以及於屋宇署樓宇資訊中心或在互聯網『百樓圖網』查閱相關批准圖則及小型工程記錄，有需要時可向專業人士尋求意見，以確保有關物業沒有僭建物。你亦可向樓宇賣方索取有關資料或向屋宇署查詢。」

Charles 被福爾摩B嚇倒，立刻低下頭：「我只是想買個單位與 Alice 過二人世界……」

福爾摩B自知失態，隨即婉言相勸：「樓盤可以再物色，但老婆只有一個，你不應想着如何逃避法定命令。要『樓』住有情人，最好先處理好『嚇令』或另覓新居。」

福爾摩B站起來和打開辦公室門：「我是時候要下逐客令了。」Charles 此時才察覺桌上未吃過的飯盒，說道：「對了，午膳時間快要結束。」

福爾摩B送客時提醒：「不要緊。你以後睇樓記得向土地註冊處或於屋宇署網站查詢有沒有法定命令，萬一再遇『嚇令』可即時向我這位建築測量師徵詢意見。」

法例風雲

風雲之三

劏房安全

今日福爾摩B去做義工，派禦寒衣物給有需要家庭。他與其他義工來到唐樓內的一個劏房單位，業主張太開門讓他們進屋。福爾摩B一進到單位內，隨即皺起眉頭，說：「有問題。」張太怒視福爾摩B。福爾摩B接着說：「這間劏房應違反了《建築物條例》。」

住用分間單位要有廚房

張太雙手叉腰苛斥：「你別亂講。單位大門是防火門，屋內還設有窗、廁所和廚房，這裏一應俱全，怎可能犯法？」福爾摩B環顧屋內四周的窗戶，說：「一應俱全不代表一定安全，更何況屋內設備並不齊全。」他走到張太口中的「廚房」，它並非獨立間隔，設置在劏房一個角落、鄰近窗邊，只有一張擺放了電飯煲、電磁爐和煮食用具的木桌。

福爾摩B解釋：「除非獲建築事務監督豁免，否則住用建築物內任何擬分開出租作住用用途的部分均須設有廚房設備，而廚房必須有洗滌盆或供水裝置、窗口、防火門和牆壁等。這裏顯然沒有正式廚房。」張太頓時面色陰沉。福爾摩B瞥見旁邊的浴室已設有窗戶，說：「幸好房間和浴室有窗戶。因為居住房間、浴室、廁所或廚房必須設置足夠面積的窗

戶，以符合《建築物（規劃）規例》所訂的天然通風及照明規定。」張太聽罷恢復笑容，然後向福爾摩B介紹廁所：「廁所有個淋浴間……」

留意小型工程監管制度

福爾摩B走近廁所，指着淋浴間的地台說：「地台升高了……」張太打斷福爾摩B，疑惑地問：「升高地台有問題嗎？」福爾摩B回答：「鋪設實心地台以加厚樓板時，應按照『小型工程監管制度』的簡化規定進行工程。若地台厚度、材料和位置等不符合相關規定的話，即屬違法，亦機會對樓宇結構造成額外負荷。」

張太湊近福爾摩B，低聲地說：「你不說，我不說，沒有人會知道這個劏房單位違法的。」福爾摩B無奈地搖頭，說：「屋宇署如發現業主進行違例建築工程，包括加建及改建，可根據《建築物條例》的規定發出命令，着令業主清拆有關僭建物或糾正違例工程。」這嚇得張太直冒冷汗。

福爾摩B也嘆氣道：「清拆事小，樓宇安全事大。劏房的建築物問題，例如僭建物、滲水、甚至消防通道受阻，會影響租客和建築物內其他住戶的安全。」

張太的一位劏房租客路過並聽到對話，他在門口嘻皮笑臉地問：「既然張太的劏房違反了《建築物條例》，不如我帶同其他租戶搬遷到其他合法劏房。你有沒有好『㓥』紹？」張太立刻瞪着那名租客，福爾摩B笑言：「我沒有好『㓥』紹，但可以推介建築測量師給張太，讓她可以徵詢專業人士意見以糾正違規情況。」福爾摩B提醒張太：「你亦應向屋宇署報告有關情況。」

註：房屋局正草擬規管劏房法規，並為「簡樸房」設立登記制度及設計規範，預計2026年正式實施。

風雲之三

解「令」還須繫「令」人

福爾摩B約網友兼業主立案法團主席Jessica到一間西餐廳吃飯。Jessica凝視杯中紅酒，說：「如果要為法定命令加上一個限期，我希望是一萬年。」福爾摩B噗哧一笑：「哪有一萬年的法定命令？人的壽命有限，法定命令亦同樣。甚麼命令讓你如此惆悵？」Jessica嘆氣道：「法定命令要求檢查及修葺／更換所有破損／欠妥的排水管包括但不限於雨水管、廢水管、便溺污水管及通風管。」福爾摩B補充：「即是根據《建築物條例》第28（3）條規定頒布的法定命令。」

渠務修葺令

福爾摩B說：「若發現樓宇的排水系統，不足夠或處於欠妥或不衞生的情況，屋宇署便會向有關業主送達法定命令，要求進行指明的排水工程，必須達到建築事務監督接受的標準，並須符合規例。在有需要時，會同時要求業主先委任一名認可人士如建築測量師勘測樓宇的排水渠或污水渠，並提交補救建議及在批准後進行有關補救工程。」Jessica恍然大悟：「我豈不是可以委任你勘測樓宇的排水渠？」福爾摩B點頭。Jessica突然面露難色：「可是不知道能否在法定命令限期前籌集維修資金。」福爾摩B勾起嘴角，安慰道：「你知道『樓宇排水系統維修資助計劃』嗎？」Jessica搖頭。

上門維修
水喉
潔具
通渠

維修資助計劃

福爾摩B解釋：「政府夥拍市區重建局於 2021 年推出這項計劃，為老舊、平均每年應課差餉租值較低的私人住用或綜合用途樓宇的業主提供技術及財政支援，協助他們為大廈渠管進行勘測、維修、糾正或提升工程。申請人最高更可獲資助排水系統有關工程費用的八成。」Jessica 聞言雙眼發光，一邊拿出電話記下重點，一邊問：「怎樣才算合資格樓宇？」福爾摩B說：「合資格樓宇分兩類，第一類別是業主或業主組織無論收到法定命令與否，總之有意及有能力自行為其樓宇籌組有關公用排水系統勘測及維修工程，又合乎相關條件即可申請；第二類是公用排水系統有渠務修葺令，而有關業主亦未能聯合起來籌組相關命令指定的工程，屋宇署將行使其法定權力聘用工程顧問及政府承建商代業主進行所需的工程……」Jessica 打斷福爾摩B的話：「能否說慢些嗎？我抄不及筆記。」福爾摩B笑言：「其實詳情可以參考市建局網站。」Jessica 立刻停下手上動作，怒瞪了他一眼。

福爾摩B提醒：「不過執行法定命令絕不能手腳慢。因為倘若業主沒有遵從《建築物條例》第28（3）條規定頒布的法定命令，又無合理解釋，屋宇署可就未有遵從命令提出檢控。如被檢控，一經定罪，最高可被處罰款 50,000 元及監禁 1 年，並在不遵從命令期間，每天另處罰款 5,000 元。」Jessica 嚇得差點倒瀉紅酒。福爾摩B打趣：「始終解『令』還須繫『令』人，身為業主就有責任執行所屬單位或大廈的法定命令。更何況修葺渠管對大廈使用者有莫大好處，渠管問題包括損壞、滲漏，甚至沒有為座廁末端糞渠安裝適當的氣喉等，都會容易造成交叉感染、傳播病毒。你應該盡快執行法定命令，不要等到一萬年後才行動。」Jessica 答應：「我明白了，若有甚麼問題會諮詢你這位建築測量師。」

風雲之三

無招勝有招

福爾摩B跟隨客人Daisy視察舖位，Daisy打算在銅鑼灣商廈2樓開設美容院。未進入大廈前，福爾摩B留意大廈對外就是馬路，附近人多車多，於是說：「單位在銅鑼灣旺帶，你的美容院開張後一定生意興隆。」Daisy興奮地說：「地段好不代表有生意，所以我應該使出『絕招』——在單位外牆豎設一個大招牌，讓行人看得到我的美容院店名。」福爾摩B聞言勾起嘴角：「我卻認為『無招勝有招』。」

招牌受建築物條例規管

福爾摩B解釋：「豎設招牌絕非易事，必須遵從《建築物條例》來進行相關工程。假如你想豎設大型招牌，招牌擁有人應該事先獲得屋宇署批准圖則及書面同意展開工程，亦應在圖則審批及施工的申請獲得批准後，聘請註冊承建商和建築認可人士如建築測量師以進行相關工程。」

Daisy不禁皺起眉頭：「豎設大型招牌的手續太繁複，設置小型招牌應該較容易。」福爾摩B說：「如果招牌的技術規格屬於《建築物（小型工程）規例》所列的小型工程項目，招牌擁有人可以根據『小型工程監管制度』簡化規定來豎設招牌。」Daisy問：「伸出式招牌屬小型工程項目嗎？」

伸出式招牌規格

福爾摩B回答：「小型工程級別的伸出式招牌是指固定於建築物外牆的招牌以及自外牆伸出超過600毫米的招牌。你希望在單位外牆豎設招牌，而該單位又在2樓，那麼有兩款小型工程級別的伸出式招牌能滿足你需求。」Daisy隨即恢復笑容。

福爾摩B接着說：「第一款伸出式招牌屬第一級別小型工程項目，該招牌的展示面積多於10平方米並不多於20平方米。另一款伸出式招牌則屬於第二級別小型工程項目，其展示面積不多於10平方米。而兩者由外牆伸出部份不得多於4.2米、招牌厚度不多於600毫米、材質不包含石材、對任何懸臂式平板不會造成額外荷載，以及該工程不會涉及改動任何其他結構構件。」

福爾摩B補充：「物色舖位要考慮地段，豎設伸出式招牌也要顧及位置。例如這幢大廈對外就是馬路，其伸出式招牌應在行車道上最少5.8米或在電車軌道上最少7米。」Daisy聽到目瞪口呆，福爾摩B繼續說：「此外，所有循小型工程監管制度豎設的招牌，不可使用木製的結構構件，而且所有包含隱藏結構構件的招牌，應提供各邊或直徑不小於200毫米的檢驗門，以便視察該等隱藏結構……」Daisy打斷福爾摩B的說話並苦笑：「想不到豎設外牆招牌有許多注意事項，難怪你說『無招勝有招』。」福爾摩B笑言：「有『招』不一定能招攬生意，若招牌擁有人豎設了違規招牌，可能會招惹官非。因此出『招』前記得諮詢相關認可人士如建築測量師。」

食品
押

風雲之四

滴水不漏
審死官（樓上篇）

委託人：阿Y

阿Y自遷入其18C單位，一直受漏水問題困擾，家中客廁天花中央部分出現水漬、滴水，甚至批盪剝落，疑受樓上19C陳生的單位影響。阿Y一家嘗試用各種方法補救，如翻髹油漆、打針灌漿，皆治標不治本，最後只好把客廁空置，全家用主人房套廁。十年過去，情況依舊，陳生多次迴避滲水辦及管理處入屋測試，最終阿Y忍無可忍，告陳生上法庭。在民事案件中，舉證責任在於原告方，法官會根據證據及法律原則裁決。阿Y於是邀請福爾摩B測量師來搜證，以撰寫專家報告作為證據。由於陳生不允許進入19C作檢查，究竟福爾摩B會如何拆解？

疑點一：天台水缸滲漏

陳生一直聲稱：「天台水缸才是源頭，因為24F也有滲水問題。」福爾摩B覺得說法荒唐，「相隔6層也能拉上關係？」由18C至24F中間分隔6層樓，而24F漏水位置亦與18C客廁天花位置相隔甚遠，沒證據證明兩者滲漏原因同樣由天台水缸滲水引致。

疑點二：外牆滲漏

陳生亦質疑滲水或漏水情況亦可能由外牆滲漏導致，福爾摩B進入阿

Y家中客廁視察。「客廁的天花較中央損毀程度大而近橫樑是較小，而橫樑是連着外牆，若源頭是外牆，因橫樑是重要結構部件，石屎質量高，水要經橫樑滲入室內難度很高。再者，水要經橫樑底部再爬升到天花，再進入天花中央部分造成大幅水漬及損毀，機會微乎其微。相反，水由19C地台流到18C天花，由於石屎地台沒橫樑般堅固，再流到橫樑企身表面向下流到橫樑底的批盪可能性較大，因批盪比較『索水』。」

疑點三：浴缸改企缸

阿Y向樓上其他鄰居打探，得悉陳生過往曾把原有的浴缸改成企缸。福爾摩B不禁會心微笑，因為真相已逐漸浮現。「企缸面積比浴缸小，原先被浴缸遮蓋的部分地台顯露無遺，容易構成滲水。根據圖則，滲水重災區是客廁天花中央部分，正正位於陳生企缸地台下方。而水向下流，由於批盪吸水力高，批盪像海綿吸收所有水，吸得過多自然開始滴水，超重負荷嚴重便會出現剝落。」

福爾摩B指，樓宇建成至今起碼廿多年，防水層有可能老化失效，再加上19C浴室由浴缸改建企缸時沒有做好防水，而導致滲水。

經原告方律師在庭上盤問，陳生也確認曾把浴缸改成企缸，加上福爾摩B撰寫的分析，將不可能的滲水源頭逐一排除而找出19C客廁地台防水層欠妥，最終幫助阿Y一家取得勝訴。

*以上內容取材參考法庭審訊的真實案例。

風雲之四

滴水不漏審死官

委託人：西營盤舊樓業主 Ken

最近住戶阿 Ken 遭樓下1B住戶黃生投訴，指其單位地台漏水，導致下層的單位牆壁滲出水珠，牆身發黃及發霉，連掛在牆上的電視架也出現鐵銹漬。黃生更找來滲水辦人員到樓上阿 Ken 的單位入屋調查，卻找不到證據指阿 Ken 單位是滲水源頭。

儘管如此，黃生認為基於「水向下流」，深信上層的阿 Ken 就是連累黃生家中牆壁的滲水元兇，並每天在大堂等候阿 Ken 要求跟進。深感困擾的阿 Ken 在苦無對策之下，請來建築測量師福爾摩B偵查。

經過深入的調查，福爾摩B成竹在胸，坐在阿 Ken 的梳化上喝咖啡，不慌不忙。真相大白：「罪魁禍首，就在那道牆後。」原來，黃生隔壁的1C單位，才是滲水的源頭。

綫索一：金屬百葉窗

福爾摩B帶阿 Ken 走到樓下馬路對面視察。「眼是靈魂之窗，窗是家的眼睛，是室外景觀和室內通風極為重要的一部份。」可是，黃生隔壁的1C單位不但關上窗戶，又以金屬百葉窗代替玻璃窗，完全阻擋了外界視綫，陽光無法照射屋內，在街上行人亦無法看見單位內部，因此推測：「除非1C單位住戶需要極高的私穩度，否則有可疑。」

綫索二：鐵鏈鎖大閘

一般的住宅單位鐵閘都是用家用門鎖配合鑰匙使用，然而黃生隔壁的單位則用上粗鐵鍊來鎖閘，單位內的住戶根本無法自行進出。福爾摩B推測：「單位用金屬百葉窗，又用鐵鍊來鎖閘，根本不是普通住宅，極有可能用作非住宅用途。」

綫索三：分隔牆溫度極低

福爾摩B進入黃生的1B單位調查，以紅外綫儀器測試單位內與隔壁1C單位的分隔牆時，發現該單位地腳位置溫度非常低。福爾摩B推斷：「1C單位需要密封及低溫的環境，因此推斷單位內的物件是不能暴露於陽光下以及必須冷凍存放。」

綫索四：傳出海味香

福爾摩B續請阿 Ken 注意日常黃生隔壁的1C單位住戶使用情況。其後阿 Ken 發現1C單位有人不時進出搬貨，而樓梯及單位便會傳出海味香，好像走進了樓下的海味鋪，福爾摩B自信地說，「謎底經已解開，答案就在這裏。這單位被改裝成海味冷凍庫，溫差而出現冷凝水珠，因而導致黃生單位出現滲水，隔壁單位才是問題的真正兇手。」

一般的住宅單位結構都不適合改裝為冷凍庫，因為冷凍庫溫度極低，若果與隔壁單位有明顯溫差，再加上空氣中有濕氣，導致相鄰的牆身輕則發霉，重則滲水，若長期沒有改善，更嚴重會出現鋼筋生鏽及石屎剝落等問題。黃生的單位的問題未達最嚴重階段，因此應盡快向隔壁住戶追討。

福爾摩B憑敏銳的觸覺和專業知識順利破解這宗滲水懸案，黃生得悉真相後才驚覺隔壁的住宅單位竟被拿來用作海味冷凍庫，並發現原來一直冤枉了樓上的阿 Ken。終於，阿 Ken 與黃生能夠「冰釋」前嫌，重新修補鄰里關係。

* 以上內容取材來自真實案例。

風雲之四

滴水不漏審死官（外牆篇）

委託人：James

這天James與福爾摩B相約喝下午茶，福爾摩B邊品茗午後紅茶，邊聽着James吐苦水。James的苦水，源自滲水。

James家中客廳去年開始出現滲水問題，其客廳對正樓上朱先生單位的平台位置。James遂向管理公司投訴，案件亦轉介至滲水辦處理。滲水辦調查後發現樓上朱先生單位平台去水渠欠妥，並發出「妨擾事故通知」，朱生隨即安排維修，並於今年初由滲水辦顧問驗收。

James以為樓上平台的水渠問題終於解決，誰知近來連場暴雨後，滲水的問題再次出現，James晴天霹靂，深受困擾。幸好經朋友介紹，找來福爾摩B測量師調查滲水原因。

經過實地考察和查問滲水「病情」後，福爾摩B為James找出幾個重要綫索：

綫索一：滲水位近外牆

雖然James先入為主地認為樓上單位是客廳滲水的元兇，福爾摩B指「滲水出現的位置能反映水從何而來。滲水位置較靠近外牆，因此你家的滲水問題並非一定來自樓上。」

綫索二：外牆長出植物

站在對面街道觀察，發現大廈外牆不但有裂縫，牆上還長出了植物。福爾摩B解釋：「舊樓缺乏定期保養，就容易出現裂縫，外牆長出植物，代表有充足的空間及水份，亦證明水是經由外牆裂縫滲入屋內。」

綫索三：雨後滲水嚴重

James指出每次暴雨後，屋內猶如室內「水舞間」。福爾摩B分析，「樓上朱先生的平台，有可能因天氣因素而出現更嚴重的滲水問題，但朱先生已進行過維修工程，理應不會導致滲水，除非有新的破損位置。」

綫索四：通過浸水測試

為再三確認，福爾摩B到樓上朱先生單位平台進行浸水測試，結果顯示無滲到James的單位，所以推測是次漏水問題源自外牆。

綫索五：牆壁有溫度差

福爾摩B使用儀器監測，發現靠近外牆的客廳牆壁的溫度，較單位其他位置要低，牆內亦無其他裝置如水管等。他指出：「此牆壁靠近外牆，而外牆面對大街，溫度不可能較屋內其他牆壁低。綜合剛剛的分析，外牆確實出現了滲水情況。」

James 表示無奈，「我家的外牆滲漏，難道要自己負責維修費用？」福爾摩 B 解釋：「大廈外牆大多數屬於共用空間，可以向大廈立案法團反映情況，並與其他業主商討合理維修方案。」

＊以上內容取材來自真實案例。

風雲之四

水落石出

福爾摩B回家時，大廈地下大堂剛有兩名正在吵架的太太。管理員勸說：「大家息事寧人，別為廁所天花板滲水這樁小事傷和氣。」陳太和黃太異口同聲地說：「不！」福爾摩B插話：「萬萬不可，個天可以灰，但廁所的天花板不可以灰。長期滲水除了有損外觀，還會影響結構，甚至引致天花石屎剝落。」管理員借故離場：「咦？福爾摩B，你是建築測量師，對滲水問題最熟悉不過，這裏交給你。」管理員一走，湊熱鬧的人群便隨即散去。陳太拉着福爾摩B，接着說：「我家中客廁的天花板持續半年出現水漬，可能是樓上單位漏水所致。」黃太卻深感委屈：「我一直用主人房內套廁，從沒用過客廁，怎會漏水呢？」福爾摩B問：「既然你們各執一詞，不如由第三方判斷滲水責任誰屬？」陳太和黃太認同：「找誰？」「樓宇事務專家裁定中心。」

四大樓宇事務爭議

兩名太太皺起眉頭，福爾摩B解釋：「樓宇事務專家裁定中心（先導計劃）隸屬香港測量師學會，中心專家由學會轄下的建築測量組管理。中心會就四大樓宇事務爭議提名專家作出專家裁定，包括滲水、裝修工程、樓宇及保養工程，以及將於稍後推出的違例建築工程責任。」陳太不屑地說：「不就是一般調解中心。」黃太點頭附和。福爾摩B補充：

「專家裁定並非調解，而是由單一專家根據其專業知識及由爭議方呈交的資料所作出的裁定，以釐清爭議各方責任。」黃太追問：「我單方面向中心申請該服務即可？」福爾摩B回答：「不是，爭議各方需要共同協議使用專家裁定程序，再向中心遞交所需申請文件及繳付行政費用，中心接獲申請後才會提名專家，但在先導計劃階段中心會豁免行政費用。」

專家乃註冊建築測量師

陳太又抓着福爾摩B的手臂，打趣：「說起專家，是否每位專家都跟你一樣『型英帥靚正』？」福爾摩B慢慢抽起手，笑言：「外表各花入各眼，我唯一能肯定的，是專家所提供的裁定服務都『快靚正』。」他說：「首先，這項專家裁定服務毋須經訴訟程序，省卻訴訟費用和審訊排期時間；其次，中心名錄上的專家皆是註冊專業建築測量師，並要符合中心的要求才能獲准登記。」陳太瞇起眼笑：「你也是建築測量師，我可否指定聘用你為專家？」福爾摩B搖頭：「申請人不可選擇專家，中心會按專家名錄輪流提名專家，視乎專家能否配合個案時間表或者與爭議方是否有利益衝突等因素而定。」陳太有點失望地低頭。

福爾摩B托一托眼鏡，認真遊說：「與其每當遇上樓宇事務糾紛就『法庭見』，倒不如爭議各方坐下來見個面，找『樓務專裁』幫忙，先電郵至樓宇事務專家裁定中心 baedcinfo@hkis.org.hk 或在網址 https://www.hkis.org.hk/tc/division_bsd.html?id=196 查詢詳情。廁所漏水之事便可早日水落石出。」陳太和黃太聽罷爽快答應使用專家裁定服務。

樓宇事務專家裁定中心（先導計劃）

簡介

樓宇糾紛莫生氣
樓宇事務專家幫到你

風雲之五

經營民宿合法嗎？

福爾摩B在咖啡店邊細味拿鐵咖啡，邊撰文分享身為建築測量師的專業樓宇知識。

旁邊座位的中年男子似乎鬼祟地偷看著他，突然走過去：「福爾摩B，我是你的忠實讀者Ben。恕我冒昧，我正為經營民宿的問題苦惱，可以向你請教嗎？」

Ben是名業主，其唐樓單位位於舊區。他計劃把單位改造成外國流行的民宿，彈性地選擇自住或出租單位供人暫住，「民宿是住宅單位，應該不用申請旅館牌照？」

福爾摩B交叉雙手：「錯，單位為到訪者提供住宿，而到訪者為此繳付費用，按《旅館業條例》已屬酒店或賓館。若然出租期少於連續28天，便需要申請旅館牌照。」Ben嘆氣：「要如何符合申請條件？」

樓宇安全與消防安全

福爾摩B說：「首先，你的單位須符合樓宇安全及衛生標準、消防安全規定。」例如單位具有防煙及防火功能的大門、足夠的天然照明及通風，亦須配備滅火筒、火警偵測和警報系統，並提供足夠的衛生設備和排水系統等等。「牌照事務處會實地視察，按實際情況發出『改善工程通知書』，列出需要進行的各項改善工程。」Ben鬆一口氣：「只要我的單位按要求改裝就可以了。」

大廈用途與居民意見

福爾摩B嘴角向上揚：「沒那麼簡單，還要考慮大廈使用限制和居民意見。」Ben感到疑惑：「我是業主，如何使用單位不是由我決定？」福爾摩B耐心地解答：「申請旅館牌照需要提交律師信，表明大廈公契（如沒有公契則改用地契）不包含任何『限制性條文』，禁止處所用作酒店或賓館、商業用途或私人住宅以外的其他用途。」

此外，牌照事務處的獨立諮詢小組會進行地區諮詢，收集受影響居民的意見。「考慮諮詢小組的建議後，牌照事務處有機會新增附加的發牌規定，或對牌照施加條件。」牌照申請者還需要購買公眾責任保險，即第三者風險保險。

無牌經營可罰款坐監

Ben聽罷後倒抽一口氣：「聽說牌照申請的流程需時1年有多，但我的單位已準備好做民宿，我可以先經營、後領牌嗎？」福爾摩B瞪著雙眼：「千萬不可，你必須在獲批牌照後才能經營旅館，否則屬未持牌經營，最高可被判處罰款50萬元和監禁3年。」

8/F
9 樓

Ben 繼續苦惱地想著，福爾摩B臉有難色地說：「剛才聽說你的單位在舊區唐樓內，我正想提醒你，唐樓樓梯淨闊度一般少於 1,050 毫米，基於樓宇安全的考慮，通常不會獲批旅館牌照，這可說是先天不足。」

Ben 強顏歡笑：「看來我的單位與民宿無緣……」。

風雲之五

有牌食？

Joyce是福爾摩B酒吧的常客，但醉翁之意不在酒，她總愛參觀酒吧每個角落。Joyce娓娓道來：「我打算辦一家有格調的食店，特意前來取經。」福爾摩B笑言：「我作為建築測量師兼酒吧東主，可以幫到你。第一步，你的業務用途，須符合政府土地租契的條件，及城市規劃法定圖則的規限。」福爾摩B繼指出，在樓宇安全上有三大注意事項：

一、樓宇安全

Joyce詢問：「普遍被拒絕發食牌的『死因』是？」。福爾摩B輕托眼鏡框，回答：「違例僭建。」食肆內外均不應有任何違例建築工程，在申請牌照前應仔細查閱圖則。有些違例僭建表面未必容易察覺，例如僭建樓板、圍封的有蓋建築物等，必須小心視察核對現場環境。

申請牌照時，必須聘請認可人士或註冊結構工程師，核證食物業處所沒有違例建築工程。雖然食環署指定某部分的現有違建工程，毋須列入核證範圍內，例如符合指定規格的簷篷。不過，認可人士或註冊結構工程師本人須採取所需步驟，包括進行目測檢查，並信納有關違建工程並非處於失修或危險的狀況。如有需要，須提交載有結構支持理據的證明書。

此外，食物業處所亦有負重荷載要求，必須核對該物業結構原荷載設計

是否足夠。

二、消防安全

「此外，消防安全亦是另一個主要『死因』。」福爾摩B續指，食肆須設有足夠的逃生途徑，以及消防和救援進出途徑。整座大廈的逃生途徑有一定的容納人數規限，如因經營食肆而導致人數超出上限，便會被拒絕發牌。如該建築物有其他食肆已獲發出牌照經營，更加需要留意餘下可容納的人數是否足夠。有些場所並不適宜作食肆，如樓宇用作工業用途或緊急用途的部分（例如避火層）、地庫的第4層或以下層數。若選址上層或地庫，最少要有2道逃生樓梯。

三、衞生條件

「衞生情況同樣需要考慮。」場地應有認可水源的自來水供應，並有妥善的排水系統，而廚房、食物配製室及碗碟洗滌室內不應設有沙井。食肆的廚房、廁所及座位間應裝設獨立的通風系統，每小時換氣量須達6次或以上。亦須注意入氣口和排氣口須設於距離地面至少2.5米高的戶外地方，不得造成滋擾。

Joyce高興地說：「有你的貼士，領食牌無難度！」福爾摩B笑說：「食肆牌照有很多種，你可考慮業務申領相關牌照。」市面上的食肆普遍分為「普通食肆牌照」及「小食食肆牌照」，兩者均准許配製及售賣指定食物，供顧客在食肆內進食，分別在於：食物種類及廚房面積的限制。若想經營外賣店，也可考慮申請「食物製造廠牌照」，准許煮食並出售，但顧客不能在食肆內進食。此外還有「會所牌照」，可以配製及售賣食物，而廚房最小面積不設限制，但只可供會員使用。

Joyce 一臉憧憬說：「領食牌原來並非想像中困難，我已幻想將來經營有格調的爵士樂酒吧。」福爾摩B輕拍她的肩膀：「提提你還需向酒牌局申領酒牌。」Joyce 苦笑，福爾摩B安慰她：「當是新年願望，預祝你新一年開店成功！」

風雲之五

安老院牌照須知

牌照風雲

福爾摩B的電話響起，是舊同學Sophia來電：「好久不見！今日和你有『牌』傾。」福爾摩B會心微笑，回想當年Sophia是義工團隊隊長，特別熱愛服務長者，如今傳來她計劃開辦安老院的好消息，第一時間找福爾摩B，請教申請安老院牌照的事宜。

符合土地契約與法定圖則

「第一步，要先留意處所是否符合土地用途。」福爾摩B指出，可翻查地契，了解該地段是否適合用作住宅用途。如有任何限制，須向地政總署申請地契修訂或短期豁免書，及向屋宇署申請改變處所的用途，以確保處所可以經營安老院。福爾摩B補充，同時須留意法定圖則的規定，查看城規會的分區計劃大綱圖，查看處所在用作社會福利設施前，是否需要獲城規會的規劃許可。

了解大廈公契與居住條件

Sophia馬上記下要點，又急不及待地問：「在樓宇和處所的使用上，有甚麼要注意？」福爾摩B輕托鏡框：「那便要細看大廈公契訂明的公共地方，了解會否與安老院的設計有所衝突。」由於公契具有法律約束力，一旦違反公契，有機會被終止使用處所經營安老院。

福爾摩B續說，「若處所本身用作非住宅用途，便須留意居住條件。」按照安老院牌照的發牌規定，處所的樓底最少要有2.5米高。而良好的居住條件，亦包括提供足夠的自然採光及通風，用作居住用途的部分距離面對室外的窗，不可超過9米。如安老院位於樓上樓層，建議設有無障礙通道及升降機。通道的闊度不少於1050毫米，以便使用助行器具或輪椅的長者出入。

消防裝置及安全須留意

福爾摩B喝了口咖啡，指出：「消防安全亦須留意。」安老院不能設於倉庫、工業建築物內、以及戲院的上下層，也不應選擇地庫樓層、離地面超過24米高的樓層。此外，須確保有足夠的逃生出口及出口路綫，逃生出口指示清晰，出口路綫暢通無阻。

「你需要按處所的大小配備合適的消防裝置。」若安老院的樓面面積少於230平方米，須安裝火警偵測系統，及在住宿樓層安裝煙霧偵測系統、手提滅火筒。若樓面面積超過230平方米，還須額外裝設自動花灑系統和消防喉轆系統。

Sophia嘆氣：「要營辦安老院比其他業務的規管要多，而且當中需要時間提交申請及文件，到真正經營真是有『牌』等！」福爾摩B勉勵她：「萬事起頭難，相信你留意以上要點，距離你開辦安老院的日子又不遠了。」

風雲之五

食神也要食牌

今早福爾摩B到街市買菜，打算親自下廚為家人慶祝生日，希望能找到「平靚正」的瘦肉，因為蘋果豬肉湯是媽媽的最愛。上電梯，拐個彎，福爾摩B昂頭一望，看到一名柔情大漢在豬肉店內手起刀落，雙眼炯炯有神，想著：「這是近期風靡萬千少女的范范嗎？」。於是他踏前一步，打算主動詢問。不料被對方搶先一步問道：「先生，請問你是福爾摩B嗎？」他點點頭。范范續說：「我叫范范，有一個問題想請教你。」

經過一輪了解，原來范范最近打算開設屬於自己的外賣店，又可作為一眾粉絲「范團」的聚腳點。他已看中一個在觀塘工廈的單位，該處不但有基本裝修，而且設有來去水位。他希望能委託福爾摩B，在下班後到該處實地視察，福爾摩B點頭答應。

轉眼已到黃昏，兩人已到單位內。范范高興得手舞足蹈：「在寥寥百多呎的空間又有窗戶和來去水位，用來烹飪一定很方便！」但福爾摩B不忘提醒：「香港法例規定，任何人士如果有意在本港樓宇內烹製及或製造食品外售予市民食用，須在開業前向發牌當局申請食物製造廠牌照，否則會被視為無牌經營。獲得牌照的食物製造廠也只可供外售賣，不能提供堂食服務。」

范范大吃一驚：「本來以為在任何單位都可以用作粉絲聚餐和外賣店的場地⋯⋯幸好今日與你一起來視察環境，否則簽約後才知道不能申請牌照就麻煩！」

了解申請要求

福爾摩B補充：「我也遇過客戶因事前沒檢查清楚而『中伏』，所以記得要參考食物環境衛生署的牌照申請指南，了解各項要求。選定單位後，記得檢查屋宇署發出的佔用許可證和單位建築圖則等文件。同時也需留意單位有否僭建，申請人承租前，可以瀏覽屋宇署「百樓圖網」查核圖則細節及諮詢建築測量師意見，避免選錯單位。」

范范擔心地問：「選址已經有這麼多學問，如果找到合資格單位後，申請牌照手續又會否很麻煩？」福爾摩B稱：「申請食物製造廠牌照時，要向牌照辦事處提交填妥的標準申請表格，聲明處所符合規劃法定圖則和政府租契條款的聲明書，及樓宇的建議設計圖則。收到發牌當局發出的發牌條件通知書後，才可進行裝修工程及開業，否則會被檢控。坊間都有不少公司專門負責申請牌照，申請人要衡量自行申請還是找專門公司幫忙。」

范范傷心地表示：「不要再說了。」福爾摩B很愕然，范范續說：「我還打算下月舉辦的簽名會和『范團聚會』等鴻圖大計都泡湯了，你叫我怎麼辦？」

福爾摩B語重心長地解釋：「如果想辦好一件事，必須花時間和心血，難道你不想『攞正牌』見粉絲嗎？」看到福爾摩B說得頭頭是道，范范最後也決定延遲活動，先辦妥牌照事宜，再作打算。

風雲之五

男兒當按摩師

福爾摩B走進一間商住樓樓上舖，推開門就看見一個擺放着《男兒當入樽》漫畫的書櫃，他隨即雙目發光，取書閱讀。突然，在他身後傳來一把聲音：「福爾摩B，久仰大名。」福爾摩B合上書，只見一名穿着球衣、貌似20歲出頭的男子走過來，說：「我是老闆Tommy，要你久候真的不好意思。」福爾摩B望着書櫃說：「不要緊，難得遇知音。」Tommy又說：「我打算把這個單位裝修為日式按摩店，希望徵詢你的意見。」

先申請牌照

Tommy帶福爾摩B參觀店內，福爾摩B說：「開店前必先申請牌照。」Tommy呆在原地，問：「怎樣申請？」福爾摩B慢慢解釋：「據《按摩院條例》，除了面部、頭皮、頸、肩、手、手臂或足部（上至膝）的按摩外，並無為其顧客進行其他按摩；或沒有由與有關顧客不同性別的人為該顧客進行全身按摩，否則任何受該條例監管的按摩院運作模式都必須持牌經營，申請按摩院牌照除了要經屋宇署及消防署外，也需經過城規會、警務處等部門，手續較為繁複。」Tommy回應：「我可不會貪方便無牌經營，要令客人按得安心。」他忍不住稱讚：「如果所有商家都有同樣想法就好。」

注意消防安全

Tommy拍心口承諾：「我心中的一團火是不會熄滅的。」福爾摩B提醒：「然而有些火必須熄滅，那就是真火。」Tommy不明所以，皺起眉頭。福爾摩B解釋：「經營按摩院，要多加留意消防安全。」他又說：「你需要在指定地點安裝火警偵測系統、出路指示牌和具備視覺火警訊號的手動火警警報系統等。」Tommy猛地點頭。福爾摩B看見門口有個滿布塵埃的滅火筒，遂叮囑他：「處所內的所有消防裝置及設備須保持有效，每12個月要檢查至少1次。」他們走到樓梯口，福爾摩B補充：「《消防安全規定》限制按摩院不得設置在第三層地庫或以下或任何工業樓宇。」福爾摩B亦巡視逃生通道，接着說：「通道皆暢通無阻，回去吧！」

招牌要合規

返回店內後，Tommy閉上眼幻想他的理想按摩店，他說：「我想在店外外牆掛上巨型漫畫風招牌。」福爾摩B一臉嚴肅地打斷他：「外牆招牌安裝不當會對途人構成危險。招牌的物料、尺寸及伸出外牆的距離必須符合屋宇署規定，否則會被當作僭建物，屋宇署會向你發出清拆令。」Tommy有點失望，不過很快便恢復笑容，也答應福爾摩B：「我會注意的。」福爾摩B又提醒他：「記得聘請合資格專業人士及小型工程承建商安裝招牌。」

檢查完畢後，Tommy為福爾摩B端上熱茶，福爾摩B喝了口茶，好奇地問：「對了，你為何想當按摩店老闆？」Tommy不禁黯然神傷：「我的手受傷過，不能再打球了，因此我在想，若果我昔日的隊友打球打得累時，能有一個地方供他們歇息就好，希望他們能夠延續我的籃球夢。」福爾摩B撇眼見到他的14號球衣，有感而發：「你果然是個永不放棄的男人。」

風雲之五

床位寓所為何不可？

福爾摩B約朋友Edmund到咖啡店談天，當他看見眼前的Edmund眼下的黑眼圈，不禁問：「你昨天捱夜嗎？」Edmund打了個呵欠，說：「我家裏裝修，所以近日在深水埗工廈的一個共享工作室暫住，那裏雖然床位狹小，但既有共用辦公室工作，又有開放式廚房可以煮食，一次過滿足我兩個願望。」福爾摩B馬上臉色一沉：「工廈必須依從地契指示，業主不可將其單位非法更改作住用用途，否則會被檢控。」

地契已列明用途

Edmund驚呼：「我看見網上有許多好評，以為是合法的。」福爾摩B搖頭否認：「若工廈的地契列明只是用作工業用途，業主不可將工廈單位改成倉庫或食肆等其他商業用途，一旦證實有工廈違反地契，有關當局如屋宇署可依照《建築物條例》中第24條，來拆卸、移除或改動有關建築物。」

床位寓所條例

Edmund猜測：「這間共享工作室應該不僅違反地契，還可能違反其他條例。單位內設有11個太空艙，確實奇怪。」福爾摩B勾起嘴角，說：「業主應該利用了《床位寓所條例》的灰色地帶。」他接着說：「根據

《床位寓所條例》，若居住單位內有12個或以上擬供單人住宿的樓面空間、床、框架式床鋪或其他類型的睡用設施，需要在開業前向民政事務總署申請牌照。」福爾摩B亦告訴Edmund：「任何人在未獲豁免或未獲發牌的情況下經營床位寓所，即屬犯罪，一經定罪，可處最高罰款10萬元及監禁2年，並可就該罪行持續的每一日，另處罰款2萬元。」福爾摩B說：「即使共享工作室的業主未有觸犯《床位寓所條例》，你也應該及早搬離該處所。」Edmund嘆氣道：「可是我已付全數租金，一時三刻又找不到其他地方住，更何況不知者不罪，應該不會惹禍上身。」

不可擅改開放式廚房

福爾摩B勸說：「違法固然不好，但生命更寶貴，稍有不慎隨時惹火上身。」Edmund不明所以。福爾摩B解釋：「這些在工廈的太空艙單位空間狹小，每個太空艙等如一個獨立及封閉的房間。而且工業樓宇在逃生途徑及其他消防設備，以及照明與通風等方面的要求均與住用單位有別，甚至附近單位可能是存放危險及易燃物品的工廠或貨倉。正如今年年初七凌晨有一宗工廈三級火災。萬一發生火警時，在太空艙裏面睡覺的人聽不到火警警報，到時便『一鑊熟』。」

他托一托眼鏡，接着說：「一般住用單位把圍封式廚房改裝成開放式廚房，尚且要經屋宇署審批，並聘用及諮詢相關認可人士如建築測量師；那間共享工作室卻是處於工廈，肯定屬違規。」Edmund皺起眉頭說：「這位業主真是狡猾，自作聰明。」他打趣：「殊不知『道高一尺，福爾摩B高一丈』，你一下子就識穿對方的想法。」福爾摩B笑言：「你突然變得油嘴滑舌，無非想在退租共享工作室後暫住我家中，直至找到其他地方住為止。」Edmund再次稱讚福爾摩B：「果然任何東西都逃不過你的法眼。」

3107
3014
3097
3013

風雲之五

酒吧成功開業背後的人

福爾摩B最近工作非常忙碌，好不容易完成手上的工作，終於可以應約到蘭桂坊與朋友聚一聚。「大忙人終於到了！」朋友阿豪揮着手說。「不要笑我啦，最近忙着申請牌照的事情，實在分身不暇。」福爾摩B邊說，邊坐下。「看來你又有大項目了，是關於甚麼的？」阿豪問道。福爾摩B點了杯啤酒，呷了一口然後說：「最近在替尖沙咀客人處理酒吧開業，還有其他瑣碎事情。」「聽起來很酷的項目！開酒吧有沒有甚麼秘技？」阿豪感到好奇就問。「秘技就沒有了，但應該有不少可能是大家不知道的細節。」福爾摩B揚一揚眉頭說。「你這樣說我就更好奇了。」阿豪說。

不怕麻煩的酒牌申請人

「你看到那邊貼着的酒牌嗎？你猜猜上面寫着誰的名字？」福爾摩B問阿豪。「誰的名字？不就是寫酒吧的名字嗎？」阿豪滿腦疑惑。「上面除了有酒吧的名字，還有經理的名字。因為酒牌和其他飲食牌照不一樣，酒牌是要『跟人』的。而『跟』酒牌這個重要任務，更不是任何人都可以。」福爾摩B解釋說。「竟然是『跟人』？那麼甚麼條件才可以成為持牌人？」阿豪追問。「酒牌持牌人需要有以下條件：首先要品格良好，亦要有相關工作經驗，還要看過往作為酒牌持牌人的表現如何，才可以決定申請人是否適當人選。所以話，不是任誰都可以申請的。」

福爾摩B娓娓道出一個又一個持牌人的條件。「這個人聽起來相當不好找。」阿豪搖搖頭說。「是的，但其實除了以上所說的，申請人還要到警署錄取口供呢！」福爾摩B繼續說。

阿豪瞪大了眼睛：「要落口供那麼嚴重？」「酒牌是需要通過警方審批的，錄口供時警方也會申請人是否了解相關責任等問題。畢竟在警方眼裏酒吧是不同罪行有機會發生的場所，所以審批也會比較嚴謹。」福爾摩B說。

放假必備後備持牌人

「原來如此，那麼申請到酒牌後，持牌人還需要做些甚麼嗎？」阿豪問。「當然有！不論是餐廳或是酒吧，酒牌持牌人必須親自管理有關場地，在營業時間內亦需要在場當值。」福爾摩B回應說。「如果他要放假不就麻煩了？」阿豪馬上代入持牌人的角色問道。「又不用太擔心，所以酒牌都需要一位後備，萬一酒吧有甚麼事情，他必須在場『主持大局』。」福爾摩B解答道。

他們多聊一會，時間不知不覺已經到了晚上11時多，就結帳離開。他們走在蘇豪區的街上，阿豪抬頭望天時，看到酒吧街上的住宅，就說：「住在上面應該每晚都睡不好吧？」福爾摩B順着阿豪的視線看着一個個關了燈的單位說：「或許吧。其實酒牌針對噪音也有特別要求限制，其中包括要安裝隔音物料和一些防音設備，就是以防噪音問題。」福爾摩B說。「你不說真的沒有發現，以前大概都已經喝醉了。」阿豪環視四周，打趣道。

他們繼續沿大街，走到一間便利店，阿豪打開雪櫃拿了一支啤酒，忽發其想就問：「便利店賣酒需要有酒牌嗎？」「不用的，因為買的是預先包裝的酒品，和酒吧不同。但是便利店需要張貼『不可向未成年人售賣或供應酒類』告示，有需要時亦會查看對方的身份證明文件。」福爾摩B解釋說。「原來如此！還記得當年第一次飲酒……」阿豪竟開始訴說從前，福爾摩B猜想他應該是不勝酒力。福爾摩B見他講過不停，就喃喃自語說：「少年，你太年輕了。飲酒要自量嘛……」

風雲之六

主席的煩惱

福爾摩B踏進咖啡室，隨即看到一位女士向他揮手，她說：「福爾摩B，果然聞名不如見面。」她是剛上任業主立案法團主席的Jessica，兩人在網上聊天時已相當投契，這天更相約摸着咖啡杯底討論大廈維修事宜。

「早前得知深水埗舊樓的簷篷『甩石屎』的新聞，途人不幸受傷，而該大廈的業主立案法團主席被捕及遭指控，我擔心我的大廈會有同類事件發生，身為法團主席的我便有機會被捕。」Jessica面露愁緒，這時福爾摩B遞上一個精美的泡芙，並安慰道，「只要定期聘請一位法例下認可的專業人士進行保養，意外就不會發生。」

【大廈外牆保養法】

一、目測及使用儀器檢查外牆

福爾摩B指出，除了簷篷，大廈外牆的保養同樣重要，如日久失修，亦會出現「甩石屎」或磁磚剝落的情況。

他提醒Jessica需要使用目測及儀器如紅外綫進行定期檢查，當發現石屎及外牆磚剝落、外牆裝飾掛件移位、裂痕、甚至有結構性的損毀，就要進行保養及維修工程，避免問題惡化。

二、注意外牆喉管、天井和後巷

不要忽略外牆喉管及喉碼，當喉管老化或出現損毀，有可能增加病毒傳播的風險。喉管生銹鬆脫，也有機會傷及途人。而大廈的天井和後巷位置的外牆往往最容易被忽略，這些位置不見天日，亦可能受到浴室漏水影響，破損狀況可能比向外街的更嚴重。

【大廈簷篷保養法】

三、切勿增加額外的負荷

Jessica 十分認真地在手機記下重點，更積極發問：「那簷篷的保養方法又是怎樣？」福爾摩B喝了口咖啡，繼續說明：「不要為簷篷增加額外的負荷。」因石屎簷篷的結構設計通常為懸臂式支撐，只能遮風擋雨，故切勿加裝伸縮簷篷以至任何僭建物，以免加重負荷及加速原裝簷篷老化。

四、切勿改變簷蓬作任何用途

「可是很多業主裝修時都會進行美化簷篷工程……」Jessica 疑惑着。福爾摩B馬上提醒這位新任法團主席切勿圍封或改變石屎簷蓬頂作任何用途，亦絕不能加厚石屎簷蓬頂的批盪，更不應在底部加裝木天花或裝飾覆層。若木天花內層支架出現破損難以察覺，受風雨及老化影響亦容易構成倒塌危機。「此外，緊記要定期檢查簷篷結構，例如簷篷頂連接大廈的結構有否出現裂痕、防水層會否破損或滲漏、出現積水和去水口淤塞等問題。」

五、清拆所有僭建物

福爾摩B提醒，不論是大廈外牆及簷蓬，亦不可以有任何僭建物存在，必須拆除，常見的僭建物包括露台、鐵籠、招牌、冷氣機支撐框架等等。

Jessica 聽完福爾摩B的建議後，不禁嘆氣，「上任法團主席後，才知道大廈保養原來很複雜。」福爾摩B看着她一面失落的樣子，鼓勵她，「不要緊，你有問題就找我，隨傳隨到。」

風雲之六

30年樓房的河東與河西

維修風雲

福爾摩B剛剛回到公司，就聽到同事陳太在碎碎念說：「太誇張了，一下只要湊數萬元維修。真是好不肉赤……」福爾摩B心想：「原來是湊錢維修屋苑！」陳太突然轉身，問福爾摩B：「屋苑突然要維修，但費用真的要那麼貴嗎？明明大家都住得好好的。」福爾摩B看到陳太一臉苦惱，就看看可否解答她滿腦子的疑惑。「維修其實是正常的，畢竟樓宇住了一段時間，多多少少都會有些問題，只差你有否發現，或者有否受影響。」「話雖如此，但我住了差不多30年了，一直都好好的，都不知道要維修甚麼。」陳太納悶道。

樓宇有甚麼要維修？

一聽到「30年」，福爾摩B一副「師父明白了」的樣子，回答說：「30年其實是個關鍵年份，因為根據法例規定的「強制驗樓計劃」，樓齡達30年或以上的私人樓宇，必須在收到法定通知後，委任一名註冊檢驗人員，安排連串的檢驗和修葺工程。至於要維修的地方實在是有大有小，例如……」「哪有那麼多要維修？」陳太插話說。「大修小補，各有需要。大修來說，有水管、電力問題，或是添加新的設施，例如升級消防花灑系統等；小補則可能是室內油漆剝落、防水層滲水問題等。所以說，要維修起來，還是有挺多要處理的。」福爾摩B接着解釋。「說的也是，也好像有聽街坊說過有滲水問題，又說淋浴時水壓不足。」陳太連連點頭答道。福爾摩B補充說：「不論是外牆或天台，滲水是很常見的問題，一般來說10年就已經要修補。」「維修我尚算明白，但程序又不清楚。」陳太擔心地說。

大廈屋苑維修程序

「維修主要分為六大步驟：一、取得業主共識並復修，如有業主立案法團的話，就要開始統籌及處理樓宇復修的前期功夫；二、招聘專業工程顧問，畢竟住戶對建築維修的理解不一，聘請認可的工程顧問，可幫助評估和跟進維修事宜；三、進行樓宇勘察及制定標書，先了解樓宇目前的狀況，再按勘察報告，和業主討論復修方案。」福爾摩B一口氣分享了頭三步，打算說下去之際，陳太按捺不住，要打岔一下：「前期功夫那麼多，難怪法團要提早那麼多討論。但到底何時才正式開始維修呢？」福爾摩B揚一揚眉，繼續解釋：

「快了！第四步是招聘復修工程承建商，通過招標，提高透明度和業主的參與度，然後就萬眾期待展開工程的部分，過程中工程顧問亦須定期監督工程，確保工程達標。最後，即是第六步、就是最後驗收工程及完工。」「好在你解釋一下，真的不知道原來背後有那麼多步驟。」陳太說。

聽了福爾摩B解說過後，陳太終於明白多一點，也大概了解到屋苑維修的過程。福爾摩B也明白突然要維修花費一筆，確實有點讓人措手不及，所以也安慰陳太說：「30年河東樓房當然又新又靚又舒適，但30年河西樓房卻不知不覺老掉了。所以樓宇舊了一些大修小補也是在所難免的，然而維修主要是要解決住戶生活不便和改善生活環境，最重要的是確保使用安全，長遠對大家住戶都有好處，不妨多參與法團會議，多多了解。」

「今晚回家再看看早前收到的文件通告，再了解一下。」陳太說罷，也回到工作崗位，開展一天的工作。

風雲之六

歲月無聲消逝 樓宇無聲吶喊

「叮噹叮噹——叮噹叮噹」隨着校園鐘聲響起，學生陸陸續續回到課室。看到一個個青春洋溢的學生，福爾摩B自言自語說：「讓我今天也好好感受青春氣息！」原來，福爾摩B今天應邀到中學作講座嘉賓，分享測量師的工作之餘，又介紹有關樓宇維修及保養的故事。負責人陳老師走到門口迎接福爾摩B，說：「歡迎，多謝你來到我們中學分享！講座大約20分鐘後開始，可以先帶你到禮堂稍作休息。」「不用客氣，我也很期待和學生交流。」福爾摩B回應說。他和老師一邊閒聊，一邊走到後台休息，並等待學生進入禮堂。

樓宇的生、老、病、死

「今天，很高興邀請到建築測量師福爾摩B，為我們分享有關樓宇維修的故事。我們以掌聲歡迎福爾摩B，同時正式開始今天的講座。」陳老師介紹說。福爾摩B接着說：「各位同學大家好！」「事不宜遲，到底測量師在建築上，擔當甚麼角色呢？」陳老師問道。「可能不少同學對測量師都不太認識，其實一幢樓宇由設計、構思到建成，再到老化、耗損，最後清拆，測量師都會參與其中。簡單來說，每幢樓宇都會經歷『生、老、病、死』4個階段，和人一樣。」福爾摩B比喻說。陳老師點點頭，接着問：「『生』的部分相信同學都不難理解，可否闡述有關『老、病、死』這三個階段？」福爾摩B看到台下的同學連連點頭，就解釋說：「生：也可補充一點點，即是樓宇完工後，獲得《屋宇署》發出的入伙紙；老：是指所有建築物料都有使用限期，視乎使用情況和時間，限期過後就容易損耗，例如污水渠管只有10至20年壽命；病：可以分為小病和大病，不論樓齡，樓宇都會『生病』，加上樓宇不會自我修復，每日狀況只會逐步惡化，例如新樓也會滲水，舊樓則會有石屎剝落、鋼筋外露等問題。若有不正常使用樓宇的情況，如負荷過重，樓宇就更容易生病了；死：就是指大廈要清拆或重建，樓宇雖然看似強壯，但實質壽命50歲後，其實已經年紀老邁。沒有適時維修的話，情況可能很糟糕，業主不得不考慮拆卸重建。」

樓宇醫生和身體檢查

陳老師說：「這個比喻真的十分貼切！但既然樓宇會生病，那麼一定需要看醫生了，對嗎？」福爾摩B分享：「對了，建築測量師其中一項工作就是『樓宇醫生』，專門為樓宇『睇症』，即是驗樓。然後再為樓宇作出『診斷』，判斷出樓宇的潛在問題。到最後，當然說是要制定『治療方案』，適時為樓宇進行維修保養及改善工程，保障樓宇健康及使用安全。」陳老師接話：「但是要怎樣才知道樓宇『頭暈身㷫』呢？畢竟它們不會說話。」「的確，所以維修保養十分依賴業主主動安排『身體檢查』。在樓宇出現初期病徵，如渠管淤塞、有電力問題的時候，就要着手處理。不然，情況惡化後，不但影響住戶，更有機會危及公眾安全。因此，定期和主動安排專業人士檢查維修，是十分重要的。」福爾摩B語重心長地說。

「剛剛福爾摩B為我們介紹了樓宇的一生，又分享了樓宇定期檢查的重要性。讓我們轉一轉話題，了解一下如果要進行維修保養的話，會否有一些資助或者計劃可以幫助我們更易安排呢？」陳老師眼看講座時間已過了一半，就把握時間帶到下一個主題。「當然有！為了鼓勵業主主動進行大廈修葺，政府也有不同計劃幫助大眾……」

End
終止

風雲之六

維修支援 不是秘密的秘密

上回提到，福爾摩B來到中學分享有關樓宇維修和保養的故事。講座後，正當他準備離開時，有位社工匆忙來到，說：「有位同學遇到有關大廈修葺的問題，為家人感到很困擾，可以麻煩你幫忙了解一下嗎？」福爾摩B說：「當然可以。」

財務支援

隨後，他們到社工室再詳談，同學大概訴說了大廈的維修情況，其中維修費用令他最為擔心。福爾摩B就為他解說政府有些幫助市民為大廈進行修葺的計劃。「樓宇的確有很多需要維修的部分，例如升降機、消防設備等。就各種維修項目，政府也有相應資助計劃幫助業主進行維修，例如：優化升降機資助計劃和樓宇更新大行動2.0。其中，樓宇更新大行動2.0的維修項目包括：安裝冷氣機中央排水管、維修公用水缸、消防安全改善工程。」同學說：「唉，除了維修費令人卻步之外；程序太多，加上維修非常耗時。簡單來說就是怕被騙怕麻煩吧！」

技術支援

聽到同學這樣說，福爾摩B不禁皺一皺眉，令福爾摩B和社工哭笑不得。說罷福爾摩B說：「這是個相當貼地的說法，同時也十分寫實。你可以想像，整個流程包括招聘專業復修工程顧問、認可工程顧問等，需要牽涉一些招標過程。聽起來就已經讓人很苦惱！因此，針對招標程序，市區重建局最近推出了電子招標平台『招標妥』，它提供以『標書收集處』的電子化形式處理回標安排，方便私人大廈業主招聘工程顧問或合資格工程承建商，來進行樓宇復修工程。」

法團幸得相助

社工搭話說：「我還是第一次聽到這個平台！有了電子招標平台幫手，業主就更容易聘請得到合資格人士了。你應該不需要太擔心！」同學面色稍有緩和，問道：「我想多了解一些，可否分享一個維修項目呢？」

福爾摩B點點頭說：「觀塘其中一個復修項目令我印象深刻。當年，展開復修討論的時候樓齡已經有40多年，而大廈日久失修的程度實在令我十分難忘，不但外牆破爛、渠管滲漏，走廊牆身及天花更有石屎剝落。偏偏籌備大廈維修工程時，業主立案法團遇到財務困難，幸得『樓宇更新大行動』的支援下，才能順利進行維修。」同學追問道：「還好有了資助，那麼最後他們維修了甚麼？每戶又花了多少錢呢？」「維修工程項目也頗多，有結構修葺、重鋪瓷磚、更換食水喉管等。但因為有資助，維修總額的 80% 上限為 40,000 元（一般業主）或全數 50,000 元（長者業主）全部都不需入息審查，減輕了不少小業主的財政壓力，但最重要是還住戶一個安全的生活環境。」

之後同學又問了幾個有關大維修和測量師工作的問題，福爾摩B也樂得和同學交流。聊了一會，社工說：「很多謝福爾摩B詳細解釋了有關支援維修工程的不同計劃，相信同學都放心不少。」同學也點點頭報以微笑答謝，而神情看起來也歡容多了。能幫上忙，福爾摩B都感到很滿足，說道：「不用客氣，希望在明天！凡事總有解決辦法呢！」

裝修風雲

風雲之七

開放梗廚完美收官？

福爾摩B這天提著結婚禮物，拜訪表妹Angel的新居。「我們正在籌備裝修，打算把梗廚（即圍封式廚房）改成開放式廚房，加大客廳的空間感。」Angel一臉滿意地說。福爾摩B說：「作為專業建築測量師，我想提醒你，不能隨意改建開放式廚房。」

諮詢專業人士

「工程不是只需要將廚房部分牆身拆掉就可以嗎？」Angel問。福爾摩B一臉認真地說：「改建前，應諮詢建築專業人士如何作出改動，例如拆除的牆身會否影響到樓宇結構等。」

此外，若改建工程不符合《建築物條例》有關豁免工程的規定，或不符合「小型工程監管制度」的小型工程規定，便需聘請認可人士，負責設計開放式廚房的圖則，並代為向屋宇署遞交正式申請，否則有關工程就會成為僭建物，將來若出現火災，保險公司也有可能不會作出任何賠償。

向屋宇署遞交申請

Angel聽得入神，繼而查問：「裝修工程時間一向緊湊，整個申請流程需時多久？」福爾摩B說：「向屋宇署首次提交的建築圖則會於60天內完成審批，建築工程施工同意書申請則會於28天內完成審批，必須要得到屋宇署批准後才能開始工程，最好預留時間提早進行檢查。」

福爾摩B續說：「屋宇署批准是第一關，消防安全同樣不容忽視。」開放式廚房比梗廚更容易讓火勢蔓延，所以消防要求會較高。「你們改裝後，廚房是接近單位的唯一門口，所以必須設有消防設備。」Angel舉手搶答：「這個我知道，要安裝煙霧感應器和消防花灑頭。」

福爾摩B笑言：「答對了，要改建成開放式廚房，大廈必須有消防花灑系統。」廚房須安裝最少一個消防花灑頭及設置煙霧感應器，感應器所發出的火警訊號須連接大廈的消防控制板，而且樓層的公用走廊同樣需要安裝煙霧感應器，大廈亦須設置消防花灑缸及消防喉管，亦要考慮當中的結構及技術考量。而單位內部須設置一幅不少於600毫米闊並且有抗火功能的全高牆壁，耐火效能不低於30分鐘，而每年都必須由大廈管理處的註冊消防裝置承辦商為住所所有消防裝置進行檢查。

「基本上，新建樓宇才可以改建開放式廚房，舊樓或欠缺消防花灑系統的大廈，近乎不可能進行改建。」

福爾摩B拿出一個偵測器並介紹，「消防處一直鼓勵住戶自行安裝以電池操作的火警偵測器，所以我買了這款適合設置在廚房的熱力偵測器，作為你們的入伙禮物。當廚房溫度上升至攝氏60度及突然升溫的話，就會發出警報，有效在釀成火災前提前消滅火種。」

Angel開心地收下這份實用又窩心的禮物，對福爾摩B說：「謝謝你，裝修後一定要來品嚐我親手煮的大餐！」雖然福爾摩B已經見識過不少Angel炮製的暗黑料理，但面對她熱情的態度，只能苦笑著答應，「哈哈，好的。」

風雲之七

浴缸轉企缸 切勿移走隔氣

裝修風雲

戶主Louis開門迎接，大門外西裝筆挺的正是福爾摩B。Louis說：「小弟的窩居地方不大，住下來越覺不夠用，所以打算改動間隔以騰出空間，打算把浴缸改為企缸，所以想預先諮詢建築測量師的意見。」福爾摩B自信地點頭：「謝謝你的委託，希望我的專業知識能幫到你。」福爾摩B到浴室檢查，指出基本上所有浴缸都可以改為企缸，但必須安裝隔氣彎管（隔氣）及留意水封狀況。

注意隔氣彎管及水封

Louis一面疑惑，福爾摩B隨即帶他「參觀」多條隔氣彎管。除了浴缸去水位，坐廁、廚房鋅盆、洗衣機等，都設有隔氣。福爾摩B解釋：「隔氣設置於衛生設備與便溺污水管或廢水管之間，透過內部儲存的水（稱為水封），來阻隔氣體由污水管進入室內。」

可於室內或外裝隔氣

福爾摩B指出：「你可考慮空間，選擇在屋內或屋外安裝隔氣彎管。」一般隔氣高度為8至10吋，如要安裝在室內，企缸的地台會相應較高。如無法接受或室內空間較窄，則可考慮安裝在屋外，但若室外有簷篷或窗戶阻擋便不適合，而安裝工程亦需要搭棚及鑿外牆改低排水喉位。

Louis問：「此工序麻煩，可否不安裝？」福爾摩B叮囑：「慢慢不能，亦切勿安裝不合規格的隔氣。」，如不安裝隔氣或保養不當，隔氣內的水封，容易受去水位的沖力、負氣壓力或其他原因而帶走，導致臭氣從去水位湧入屋內，並連帶細菌或病毒傳播入屋內。福爾摩B提醒，「以往正正有不少個案單位缺乏隔氣，而出現屋苑的病毒傳播情況。」

先天性缺陷容易漏水

福爾摩B補充：「另外，企缸較浴缸容易漏水，因渠管與地台相距空間窄，較難處理防水層工序，這先天性結構令企缸的防水性差。」Louis問：「可以如何進行定期檢查？」福爾摩B搖頭皺眉，室內的渠管通常覆蓋着，即使隔氣彎管安裝在外牆亦常被其他渠管遮擋，難以行定期檢查，只能透過外在因素，觀察滲水問題，如視察樓下單位的天花板、浴室附近的外牆、單位內地台瓦及腳線瓦位。若發現滲水跡象，代表問題已持續一段時間，滲水情況甚至可能已擴散至建築結構組件內的鋼筋，後果可大可小。

福爾摩B亦提醒Louis，必須重做企缸地台至牆身的防水層，切勿為慳錢只處理舊浴缸位，否則容易在新舊接駁位出現漏水問題。Louis嘆氣：「幸好有你的專業意見，否則就忽略了重要細節！」福爾摩B苦笑：「我建議你衡量清楚，如果確定動工，就要和師傅溝通好，以免日後『手尾長』！」

裝修風雲

風雲之七

天台加建太陽能系統注意

這天福爾摩B邀來好友 Patrick 到他的酒吧作客，並親自調酒。Patrick 捧着手上那杯雞尾酒向福爾摩B說：「我準備在村屋天台安裝太陽能發電系統，並參加上網電價計劃，向電力公司售賣所生產的可再生能源。」

「既環保又划算，不過緊記設置太陽能系統絕不可影響村屋的結構安全。」作為建築測量師的福爾摩B叮囑。太陽能系統的高度若超過 1.5 米，須經認可人士核證及提交安全證明書，最高不可超過 2.5 米。系統亦不可裝設在簷篷上，和伸出外牆及頂篷邊緣超過 750 毫米。

勿與僭建並存

「如果現時你的屋頂上有任何僭建物，不論曾申報與否，都不宜安裝太陽能系統。」屋宇署不會因為安裝工程而容許保留僭建物，即使是已申報並被屋宇署確認的豁免管制僭建物，亦須清拆。

勿僭建天台屋

Patrick 感疑惑：「我從未有僭建，但有工程公司向我推銷能以太陽能板搭建成玻璃屋……」福爾摩B瞪着眼：「太陽能系統不能圍封覆蓋範圍下面的空間，覆蓋範圍須少於天台面積的一半，否則屬違法僭建

天台屋。」

活動板易僭建

「市面上太陽能板的款式五花八門，在選擇時有甚麼需要注意？」Patrick 苦惱地問。「若選擇含有活動式構件的太陽能板，要小心觸犯僭建。」福爾摩B解釋，例如帶有機械升降架、升降範圍在 1.5 米至 2.5 米的太陽能板，實屬僭建物。而伸縮式的太陽能板，若構件張開時其覆蓋範圍超過天台面積的一半，同屬僭建。

「如要鋪設太陽能系統，需要向政府和電力公司申請嗎？」福爾摩B輕輕點頭。第一步應先確保村屋及太陽能板符合以上所說的條件，在開展工程前須向電力公司提交申請。工程完成後，電力公司會進行檢驗，你亦需要向機電工程署呈交註冊發電設施申請。

福爾摩B補充：「以上是在村屋安裝太陽能系統的流程。如果在私人樓宇，工程前還須獲得屋宇署批准圖則，或以小型工程制度通知屋宇署，否則屬僭建。」而且安裝太陽能系統須經物業管理處同意，系統的高度不可超過 1.5 米。

Patrick 把雞尾酒一喝而盡：「謝謝你的專業意見，你不但是專業建築測量師，亦是專業調酒師！」福爾摩B笑言：「下次待你的太陽能系統安裝好，我前來拜訪。」Patrick 回應：「一言為定！」

風雲之七

裝修知苦

今天福爾摩B來到韓國燒肉廳，與朋友Dave聚舊。作為準業主的Dave，有事相求，「我正計劃裝修新居，但在網上進行資料搜集時，看見不少裝修伏位，我應該如何避免？」看見如此焦急的Dave，福爾摩B放低手上燒肉夾，緩緩道出：「有三大伏位。」

伏位一：「海鮮價」合約

「首先，最常見的是『海鮮價』合約。」福爾摩B輕托鏡框，指出不少人曾遇過工程公司出現隱藏收費，或是報價內容及數量不清晰，導致結帳時與報價時收費不一。

最理想的做法是採用標準合約連同報價單，利用文書上的協定，以清晰釐定各方權責及各項工程費用，「你可以參考《香港測量師學會》提供的小型工程或裝修工程標準合約，條款及保障較為全面。」此外，另一個常見伏位是物料及人工費用，客戶應建議工程公司列明屬「連工包料」，還是人工及物料分開計算，若是前者，應列明各項物料的價格範圍，以便為裝修費用作預算。

伏位二：工程「爛尾」

「有很多網友都遇到工程延誤，我們應如何應對？」Dave緊張地詢問。

福爾摩B輕輕點頭：「建築行業人手短缺，單位在打拆破壞後卻沒有師傅動工，是常見情況。」因此，最好計劃好設計及工序，才正式開始工程，並在合約清楚列明工期，及加入工期延誤的相關賠償條款，以作保障。工程進行期間，業主也可以定時跟進進度，了解狀況。亦須注意付款時間，應比對完成進度，小心頭重尾輕。

「除了工程公司一方，業主也須留意不應在工程期間不斷更改設計，除了有機會令工程延誤，也可能導致額外的費用。」福爾摩B還提醒，廁所或廚房如果狀況良好，不建議進行改動，以免破壞原有防水系統導致滲水及加重開支。

伏位三：溝通有失誤

「我知道有網友遇到離奇事件，原定屋內安裝8個插頭，但工程公司最後竟裝了30個，但因為當初合約沒有列明清楚，所以只好『硬食』。」Dave激動地說。福爾摩B喝一口燒酒，指出：「這便是溝通不足，導致有誤會。你應與工程公司溝通好，清晰了解整個工程，並須留意標準合約及報價單，應清晰列明各項數量及費用，及列明安裝位置。」

此外，在進行裝修前，應先了解自己想要的設計風格，並參考工程公司或設計師過往的作品，是否符合自己的想法，並找幾間不同公司比較，以免裝修完成後「貨不對辦」。

「幸好有你的提點，不然我怕肉隨『燒板』上。」Dave 鬆一口氣。福爾摩B笑稱，「只要緊記以上的貼士，裝修時就不會被人『挾』了。」

裝修風雲

風雲之七

家居防疫：「快、狠、準」

福爾摩B這天從電視新聞片段中，竟見到舊同學Annie受訪。原來Annie的鄰居不幸染疫，她接受強制檢測後受訪，顯得擔憂。福爾摩B決定致電慰問，話筒的另一端，她嘆息：「我平日外出已做足防疫措施，但這次我居住的大廈竟出現垂直傳播，病毒從同坐向的低層單位傳播到高層，實在防不勝防。」

福爾摩B沉着地說：「要杜絕細菌病毒傳播，就要先理解『播毒元兇』。」

「快」注水到乾隔氣彎管

福爾摩B指出：「隔氣彎管是不少人忽視的元兇之一。」當樓下單位排出污水，渠管內空氣很大機會受病毒污染，若樓上單位的隔氣彎管乾涸，再加上開啟抽氣扇及關上窗户等環境條件，使室內形成負氣壓，病毒便有機會從排水渠口傳入屋內。

「你應定期灌水到排水渠口，特別是經常被忽略的地台去水口。」他續指，每星期應注入半公升清水，以防隔氣裝置乾涸，阻止細菌病毒及異味傳入屋內。如注水後很快又聞到臭味，代表有機會未能成功發揮水封作用，應向建築專業人士尋求意見。

「狠」拆偽隔氣配件

Annie想起：「我曾拆除浴缸改裝成企缸，會有任何影響嗎？」福爾摩B斷言：「有機會，切勿隨意改動家居排水系統。」曾有不少個案，在改裝後使用不當配件當隔氣裝置，或拆除部分渠管，嚴重的甚至沒安裝任何隔氣裝置，這會令隔氣彎管未能發揮功用，使細菌及病毒傳播。

「準」確接駁氣喉

Annie慨嘆：「平常毫不起眼的隔氣裝置，原來如此重要。」福爾摩B補充：「除了隔氣彎管和水封，接駁氣喉同樣是『最佳配角』。」接駁至排水渠管的反虹吸氣喉，能平衡渠管內氣壓，避免水封於沖廁後流失。如氣喉安裝不當、非法改裝拆除或接駁過長，有機會令水封消失而未能發揮應有作用，引致漏氣，使病毒從排水管道進入室內。

福爾摩B還提醒，應定期檢查渠管，有需要時便進行保養維修，如渠管出現淤塞、漏水、或損壞等情況，應從速處理，避免病毒從破損渠管或氣喉潛入家中。

電話的另一端傳來Annie的歡呼：「剛收到短訊通知，檢測結果呈陰性，終於放下心頭大石！」福爾摩B笑說：「不要鬆懈，期望疫情盡快完結，我們再聚舊！」

風雲之七

自製雙連複式

裝修風雲

「最近我家中每日都上演『星球大戰』，我與老婆以及3個小孩都忙着在家工作及上課，但單位實用面積太細，每個人難有獨立空間……」這位說過不停的 Kelvin，是福爾摩B的客人，他們正前往睇樓。Kelvin 因最近的苦況，急於購置大型單位，打算為這場「戰爭」盡快劃上句號。身旁的地產代理聽到後提議：「現時有2個相鄰的複式單位正在放售，不如一併購入，再自行打通合併為雙連複式！」

地契及公契的限制

Kelvin 一聽頓時起了興致，拉着福爾摩B前往參觀。「相信打通2個單位後，我們全家的隔膜也可以打通。」他滿心期待地說。「且慢，要先確保改動符合《地契》及《公契》。」福爾摩B嚴肅地說。他解釋，打通單位會改變屋苑的單位數量，故有可能影響單位與屋苑車位的比例要求。此外，部分《公契》亦禁止住客改動單位原本的設計或結構，有一些甚至列明，2個單位之間的間隔牆屬公用地方。他拿出文件查閱一番後，點着頭說：「過關。」

建築物條例的規限

Kelvin 滿心歡喜：「2個單位都設有露台，那麼我便可以和老婆在露台吃燭光晚餐，而小孩們就可在另一邊燒烤了。」

福爾摩B卻有所憂慮，向他搖頭：「我們要先向不同政府部門提交申請，才知道你的願望能否實現。」

「現時這2個單位分別有一個露台，是當年興建樓宇時，作為建築面積寬免的條件之一。」他續稱，如打通單位後有2個露台，便須向地政總署申請《地契條款豁免》，並支付補地價和行政費，同時須向屋宇署入則審批，和按《建築物條例》申請作出改變或豁免。

樓宇結構和消防安全

福爾摩B見Kelvin嘆氣，接着說：「這只是個開始，在工程進行前，亦須確保樓宇結構安全。」

他指出，進行改動工程前，須決定會否更改任何結構或間隔，否則須向屋宇署提交申請。「此外，由於廚房屬開放式，故須改動單位內的消防系統，如煙霧感應器，以符合《消防安全條例》，緊記必須向消防處申請有關工程。」

現成單位須查規限

Kelvin靈機一閃，提議：「購入現成的雙連複式單位，應該更划算及節省時間。」福爾摩B搖搖頭：「同樣需要檢查文件，包括《地契》及《公契》。」業主需查閱屋宇署已批准的圖則，確保有關單位的改動工程，已得到批准，並透過土地註冊處查閱該單位，是否曾有任何根據《建築物條例》所發出的命令，如拆卸或改動建築物。

Kelvin感慨地說：「打通單位原來並非簡單。」

福爾摩B安慰他：「購置單位最重要是合乎規格，才能住得安心！」

裝修風雲

風雲之七

寄生上流地下密室

福爾摩B與好友Mike一同到Lewis的居所燒烤。地主Lewis在花園邊生火邊說：「能燒烤還有花園，但這住所還欠一點東西。」在屋內洗切食材的Mike打趣地回應：「有大屋有美滿家庭，難道還想金屋藏……」「藏美酒！」Lewis沒好氣地說。「最近有工程公司向我推銷，可挖空地底建地下酒窖。」Lewis補充道。

挖地牢須入則及遵從地契

正在一旁幫忙的福爾摩B沒好氣地說：「想像總是美好的，你知道地庫工程也需要入則審批嗎？地庫要由認可的建築專業人士規劃設計，取得屋宇署的許可，並由註冊承建商進行工程。否則你的寶貴酒庫就是非法僭建！」

Lewis錯愕地說：「真的嗎！以為買下了這間屋，內裡如何裝修也可以。」福爾摩B搖頭：「就算是屋主也不能為所欲為呢，裝修時要遵從規劃的法定圖則，還要留意土地契約條款。」地契或會列明地積比率上限，加建地庫可能令住所超出可建的總樓面面積上限，或抵觸其他地契條款。「地政總署有機會向你徵收罰款或補地價，甚至可收回土地。」他補充。

看來地庫工程比Lewis想的複雜，一旁的Mike邊包錫紙邊插嘴：「只

不過是個地庫，悄悄地收在房子裡面看不到的。」

福爾摩B聽出Mike的弦外之音，擺出專業建築測量師的架勢說道：「可別想著能蒙混過關！未經許可僭建地庫會違反建築物條例，可被罰款和監禁。即使『生米煮成熟飯』，屋宇署也可發出法定命令，要求清拆還原，不遵從命令同樣可被檢控。而且政府承建商會代為清拆，其後向業主追討工程費及附加費，到時真是『偷雞唔到蝕揸米』。」

結構安全與地質穩定

死心不息的Lewis繼續追問：「加建地牢會影響樓宇結構安全嗎？」福爾摩B解釋：「低層建築物的地基通常較淺，樁柱不會打太深。因而有機會在挖空泥土後，令樓宇出現局部沉降，產生輕微裂痕或滲水問題。嚴重的話更可能破壞結構支撐，令樓宇有結構性裂痕、破損、甚或移位。」

Lewis和Mike同時倒抽一口氣，福爾摩B補充，也可能會影響附近地質或斜坡穩定性，導致山泥傾瀉等嚴重事故。「所以動工前必須找建築專業人士檢查清楚，是否適宜建地下室。」

三人愈聊愈起勁，完全忘記了爐上的牛扒，等他們聞到燒焦味的時候，福爾摩B的牛扒已經變成焦炭了。看著熊熊烈火，福爾摩B默默地說：「其實地牢的消防安全、用途與相關配套、天然通風及採光等等，都要符合法例要求，否則到時候真的變成炭燒牛扒了⋯⋯」

Lewis見狀，殷勤地把自己烤好的牛扒端給福爾摩B，笑說：「請收下我的『訂金』，地下酒窖能否成事，就看你的專業意見了！」

風雲之七

自製黑廁不要試

裝修風雲

「老闆，例牌！」福爾摩B光顧公司樓下的馳名魚蛋粉多年，老闆榮哥對這「熟客仔」的心意早已一清二楚。端着魚蛋河，榮哥坐到福爾摩B旁邊：「新鮮滾熱辣，還特別為你加料！」濃湯香氣撲鼻，福爾摩B雙目發光：「榮哥，為了這絕世美食，你要甚麼我都會答應你！」榮哥摩拳擦掌：「要你的專業意見！」

榮哥的兒子下月快將成婚，成家先要立室，這位「準老爺」急不及待為兒子物色新居。他拿出手機展示照片：「我隨地產經紀看了幾個單位，這個我最滿意。但洗手間的位置較近主人房，我想將一部分客廳與洗手間對調位置，劃一間房給兒子。」他一邊輕掃手機翻動多張相片，展示單位內部格局，一邊向福爾摩B指手畫腳說明設計理念。我邊吃邊點頭，直至看到客廳的部分便叫停。

不應嘗試自製黑廁

福爾摩B輕輕皺眉：「你所指的位置沒有設置窗戶，如果這裏設置廁所，就會變成『黑廁』。」榮哥驚訝地問：「我見不少酒店和新樓的廁所都不設窗戶，我『照辦煮碗』DIY黑廁會有問題嗎？」

福爾摩B放下筷子仔細解說：「自製黑廁當然有問題，雖然自1997年起，政府容許新落成住宅單位的洗手間可以不設窗戶，但必須安裝人工照明和採用機械式抽風，而抽風容量達每小時5次或以上換氣。可是我不建議業主嘗試DIY黑廁，因量度換氣量牽涉複雜計算，必須先諮詢專業人士意見，例如專業測量師，並向屋宇署提交改建入則申請，在獲得豁免通風採光條例要求後才能進行工程。所以為免違例改建觸犯法律，市民不應自行改建黑廁。」

衛生隱憂問題多

榮哥深感疑惑：「黑廁設計會否引致衛生問題？」福爾摩B說：「不用擔心，緊記最有效防止污氣從排水渠倒流入屋的方法，是確保廁所門有百頁狀通風位，令黑廁可以保持空氣流通，避免開啟機械式抽風系統時形成負壓。」他補充，廁所內的U形隔氣管亦不容忽視，應長期儲水不能乾涸，以阻隔污氣倒流，杜絕病毒經氣霧傳播。通風管道也應該定期清潔消毒，確保衛生。

明廁或垂直傳播

「看來明廁設計比黑廁較優勝……」榮哥苦惱地說。福爾摩B安慰榮哥：「雖然明廁設有窗戶，有自然採光和通風的優勢，但如果窗戶設計是面向較狹窄的光井，有機會因煙囪效應而導致病毒垂直傳播。」如家居採用這類明廁設計，建議在疫情期間盡量關閉窗戶、開啟抽氣扇及輕微打開廁所門，保持隔氣水封，以減低病毒傳播風險。福爾摩B輕拍榮哥肩膀：「每個單位設計都各有優缺，購入前要衡量自己和家人的需要點。」榮哥苦笑：「選擇魚蛋，魚片我最在行，要選擇明廁，黑廁，真是拿不定主意！」

裝修風雲

風雲之七

高樓底起閣仔？

「嗚……」福爾摩B收到表妹Tina的來電，只聽見她的哭泣聲。福爾摩B擔心地問道：「妳在哪裏？沒事吧？」Tina回答：「我在家，我沒事，我很好。」福爾摩B說：「每次妳說沒事，就是有事。」Tina知道瞞不過福爾摩B，便說：「昨天我新居入伙，有位風水大師卻說我家中的『閣仔』留不得，否則就會惹官非、破財。」福爾摩B說：「妳是指閣樓嗎？我馬上來。」說罷，他就掛掉電話，直奔Tina的家中。

閣樓屬建築物

福爾摩B來到Tina家中，他留意到單位是面積很小的納米樓。客廳分開兩層，下層放梳化，旁邊有條樓梯通往上層的閣樓。他聞到油漆味，想必單位剛裝修好，閣樓是新加建的，他環視四周，皺起眉頭說：「建築物內作居住用途的處所每層樓底不可少於2.5米。」Tina見福爾摩B煞有介事似的，憂心地問：「光是閣樓都要至少2.5米嗎？」「對！加建的閣樓也要符合其他建築物條例，例如設有足夠逃生途徑、負重設計、自然採光和通風等……」

Tina呼吸變得急速，福爾摩B繼續偵查：「閣樓是你自行加建嗎？」Tina點頭說：「是啊。」他一臉嚴肅地解釋：「閣樓屬結構性建築，為《建築物條例》所規管。如要加建閣樓，須聘請專業人士，再向屋宇

署申請有關工程，並在獲得建築事務監督批准圖則及同意開展工程後，方可安排註冊承建商進行工程。」福爾摩B欲言又止：「否則……」Tina嚥下口水，凝視着他。

違規要清拆

福爾摩B繼續說：「屋宇署有可能會向你發出法定清拆命令，若無合理辯解又不遵從命令，一經定罪，最高可處罰款20萬元及監禁1年，罪行持續則每天另處罰款2萬元。」Tina驚呼：「怎麼辦？」他補充：「除此之外，亦需審視規劃法定圖則及土地契約，倘若可建的總樓面面積超過有關上限或抵觸其他條款限制，可能要向地政總署支付罰款，甚至回收該物業或土地……」

Tina打斷他的說話：「甚麼？」福爾摩B又說：「我差點忘了大廈公契。」Tina倒抽一口涼氣。他接着說：「因為自行加建的閣樓會影響樓宇結構，一般大廈公契條款指明在沒有管理人同意下，業主不可改動結構。如不幸有意外發生，保險公司也可能不作賠償。」

Tina 頓時癱坐在地上。福爾摩B扶起 Tina，安慰她說：「放心，我現在檢查一下閣樓。」

福爾摩B行近閣樓仔細觀察，突然大喊：「謎底終於解開。」Tina 被嚇倒。他解釋：「如果業主採用組裝式家具，例如你現有的閣樓是上床下櫃的設計，只是擺放在單位內，當中不影響及改動樓宇結構或牴觸建築物條例，則不需要獲得建築事務監督批准。但這些組裝家具也不能阻礙消防設備正常運作，例如開放式廚房獨有的煙霧感應器等，幸好你家不是這種設計。」

Tina 隨即放下心頭大石，說：「幸好無事，今次真是要感謝建築測量『大師』打救！」不過，她撇眼看到福爾摩B在竊笑，發覺事情不對勁，所以試探：「表哥，你是否早就知道？」福爾摩B聞言，勾起嘴角。但是，福爾摩B提醒 Tina：「其實風水師的提示也不無道理，因為加裝大型多層組合式家具始終有一定風險，而且需要定期檢查其結構安全，長遠來說都一定『破財』，所以加裝前要三思。」

裝修風雲

風雲之七

裝・修羅場

「1位，搭枱。」茶餐廳侍應大嗌。福爾摩B隨侍應內進，坐他對面的羅叔指着報紙，逐字讀出：「樓宇專裁⋯⋯」福爾摩B以為自己聽錯，問：「咦，羅叔？你是指香港測量師學會成立的樓宇事務專家裁定中心（先導計劃）的專家嗎？」羅叔合上報紙：「對，你認識『樓宇專裁』？」

福爾摩B勾起嘴角：「當然。」

報價單暗藏細節

羅叔隨即放下報紙、摘下老花眼鏡，向福爾摩B訴苦：「我在疫情初期裝修舊居，而據報價單，工程理應去年完成。但承建商在工程中途聲稱因疫情關係，國內的家具工廠被逼暫停關閉，因而延期至今年才完成工程。」說到這裏，他皺起眉頭：「我能諒解疫下裝修工程延期，可是絕不能接受『爛尾』。我驗收時在浴室試水約一小時後，就接獲樓下單位投訴滲水，原來承建商沒有做浴室的防水工程。對方指報價單無規定要提供檢漏，亦無列明浴室的防水項目。眼見舊居『豪裝』變『爛尾』，在查明究竟是自己疏忽抑或是承建商責任前，我絕對不會繳付尾期款項和保留金。」羅叔愈說愈激動，說罷還一拳捶在桌上，惹得食客紛紛望向羅叔。福爾摩B遞上羅叔的凍檸茶說：「冷靜點，『樓宇專裁』可以幫到你。」羅叔把凍檸茶一飲而盡，然後嘆氣：「不過裝修工程已花費大量金錢，聘請一位『樓宇專裁』又要花費不少吧？」

由專家報價

福爾摩B回答：「專家費用由專家及爭議各方協定，包括繳付方式和時間表，並須按個別情況及專家資歷而定，專家也會考慮所需工作及時間去衡量費用。而且中心會在先導計劃期間，豁免提名申請費以鼓勵有需要的爭議各方使用『樓宇專裁』，並會收集有關服務收費統計資料，及後在網站列出專家的收費範圍以供參考。」福爾摩B補充：「樓宇專家裁定服務收費，也相對比訴訟費用便宜，因為訴訟費用可能會隨時間而增加。」

羅叔點頭認同，問：「專家報價是否已囊括所有收費，譬如檢驗費用？」福爾摩B搖頭，並解釋：「專家報價不是『全包宴』。假如測試要由第三方進行，例如化驗所，專家一般會就測試範圍先邀請合資格的化驗所或承建商提供報價，之後將建議的報價與爭議各方商討，取得共識才進行測試。」

羅叔又問：「如果專家最終裁定承建商要負責，我可以取回全數或部分已支付的專家費用嗎？」

福爾摩B說：「除非專家與爭議各方另有協議，否則爭議各方在提交裁定結果前，需要共同支付繳付所有費用。專家會在費用付清後才會作出裁定，並不設任何退款。」

羅叔突然想起：「你不是認識『樓宇專裁』嗎？我怕遇人不淑，由熟人推介會否有優惠？」

福爾摩B放下手上那杯熱得燙手的奶茶，說：「不熟才好，中心提名『樓宇專裁』時，必先確保該名專家與爭議各方無利益衝突，便可保證專家裁定服務公正中立。」

設計風雲

風雲之八

一窗在樓可以安枕

清潔姨姨Mary到福爾摩B的辦公室清潔，她今天神色古怪，不時望向福爾摩B，惹得福爾摩B渾身不自在，於是他輕咳了一聲，問：「你是否有事找我？不妨『打開天窗說亮話』。」Mary馬上放下抹布說：「近日我參觀了九龍一個新樓盤，單位間隔實用又鄰近巴士總站，可惜大廈對外便是大馬路，我怕被噪音吵得無法入睡。」福爾摩B鬆一口氣：「倒不一定，不少一手樓早有一手準備，單位內已安裝隔音窗。」

隔音窗各有不同

福爾摩B解釋：「隔音窗愈趨普遍，公營和私營房屋裏也能看見它的蹤迹。近年新開發的地段靠近公路，為免住戶受交通噪音滋擾，在賣地時已設有隔音窗相關條款。」Mary突然想起：「我聽說安裝雙層玻璃窗可消滅噪音。」福爾摩B點頭：「雙層玻璃窗是隔音窗之一。不過屋宇署、環保署、房屋署聯同理工大學在2017年研發了新款隔音窗，它主要靠窗的疊口、膠條封邊來隔音，可以由單面玻璃組成，比雙層玻璃窗較節省空間。」Mary問：「各款窗有甚麼區別？」福爾摩B回答：「每款窗因應不同設計、方位、吸音物料等因素而有不同降噪效果。」

Mary問：「如何得知隔音窗的降噪效果？」

隔音窗需作事前評估

政府也愈來愈重視交通噪音問題，故此會安排相關專業人士如建築測量師進行環境影響評估（俗稱「環評」）或者噪音評估報告（Noise Assessment Report）量度目前的聲音有多少分貝，然後製作模型以估計不同方位的窗要減少多少分貝噪音，評估報告經審批後會由政府化驗所就每扇窗進行實驗室測試，最後獲認證以及獲頒發證書的窗才可以安裝至單位。」Mary驚嘆：「想不到一扇隔音窗，竟然要過五關斬六將。」

窗必須有採光和通風

福爾摩B打趣：「人與人之間可以『打開天窗說亮話』，可是並非所有窗都能夠打開。」Mary皺起眉頭，說道：「我唯一的嗜好便是園藝，若植物缺乏陽光便會枯萎。」福爾摩B安慰道：「固定窗常見於相距公路十分近的單位，主要用來採光。其實窗的『本份』是為用戶提供足夠採光和通風，降低噪音只是隔音窗的額外功能，該功能暫未受《建築物條例》規管，可能是根據環保條例或地契而設。」他補充：「你亦應檢查窗的狀況以避免滲水問題，例如其窗框及膠邊是否完整無缺。」

Mary頓時放下心頭大石，附和：「無論做人處事都應做好本份。」福爾摩B聞言故意盯着桌上的抹布。Mary察覺自己在自打嘴巴，隨即拿起清潔用品離開房間。福爾摩B見狀笑出來，又提醒：「買一手樓必須兩手準備。業主在購入單位前應『做功課』，向樓宇賣方索取售樓說明書，以便了解隔音窗等樓宇條款。」

風雲之八

稍安毋「噪」

表妹Tina在網上看樓後簽下臨時合約，並向福爾摩B徵求裝修意見，福爾摩B便接載她前去該單位。當福爾摩B瞄到駕駛導航所顯示的屋苑所在地，不禁失笑。Tina開始察覺到不對勁，她發現到福爾摩B正在駛向屯門公路附近的一個屋苑，於是大喊：「停車。」「到了。」Tina嚇到花容失色，抓着福爾摩B的手臂說：「地產經紀告訴我單位的窗外景觀是屯門公路，我沒想過屋苑離公路這麼近。怎麼辦？」福爾摩B只回答她四字：「稍安毋『噪』。」

隔音窗的雙重功能

Tina失魂落魄地跟隨福爾摩B進入單位，福爾摩B走向窗邊，對她說：「所謂好事成雙，好的隔音窗亦要成雙。」Tina問：「好窗成『雙』？我聽說雙層玻璃窗可以隔音。」福爾摩B解釋：「這裏的『雙』不是指雙層玻璃，而是指一扇好的隔音窗，應具備通風採光與隔音的『雙』重功能。何況現在部分隔音窗會採用單面玻璃，靠窗框、吸音物料來降噪。」「處於單位內客廳的窗乃新款的隔音窗設計，類似雙層玻璃，外層窗可推開且內層窗可滑動，內外層窗構成一個通風口，而中間的部分則採用通道形式，利用噪音反射、折射原理，加減音物料，不用全關閉窗已有減音效能。」

如何驗收隔音窗？

Tina聞言提起精神，問：「真的？我是一手樓業主，驗收隔音窗時有甚麼需要注意？」福爾摩B回答：「其實驗收減音窗與驗收一般鋁窗並無太大分別，兩者同樣要檢查窗扇、窗框、窗鉸和窗鎖。若發現窗出現以下狀況包括玻璃破裂或鬆脫，固定玻璃的壓條有鬆脫或缺漏，窗鉸上的螺絲或拉釘不齊全、鬆脫或銹蝕，窗扇跟窗框未能完全閉合，窗鉸變形等等，便要諮詢相關建築專業人士，並委托合資格承建商進行維修……」Tina插話：「那麼隔音窗的降噪效能呢？」福爾摩B：「你可向賣方要求查閱噪音影響評估報告。」

不可擅自拆除隔音窗

Tina望了一眼隔音窗，試探：「如果我不喜歡屋內隔音窗外觀，可否移走隔音窗的窗花甚至拆除這扇隔音窗？」福爾摩B搖頭：「擅自拆除減音窗可能違反法例，因為隔音窗的配置和減音要求，已在所批准的圖則列明，屋宇署或環保署等部門或會在巡查後執行有關仲裁，要求還原隔音窗；另一方面是大廈物業管理層面，業主立案法團可能認為拆卸隔音窗不符合大廈公契條款，不讓你動工。」

眼見Tina失望地垂下頭，福爾摩B安慰道：「其實窗的性能比外表觀重要，這款隔音窗的最高減音量可達8個分貝。」Tina恢復笑容，又用力拍了福爾摩B的背部，說：「難怪你對我說稍安毋『噪』，原來單位早已設有隔音窗，它能有效減少通噪音。」福爾摩B喊痛，嘆氣道：「可惜隔音窗只能降噪，不能減『燥』。」

風雲之八

MiC Oh I see

下班後，福爾摩B回到家翹起二郎腿準備稍作休息，就收到朋友短訊：「我終於可以入住科學園創新斗室，真令人期待！聽聞裏面有不少好玩的設施，不知會否有『Mic』可唱K呢？」福爾摩B看到「Mic」一字，不禁會心微笑，接著回覆朋友：「恭喜，那邊好像景觀不錯！雖然『Mic』就不一定有，但是創新斗室則是『MiC』的建築項目之一！」「『MiC』？我只想唱唱K輕鬆一下，怎麼突然變了建築項目（笑喊）？」朋友隨即回覆。福爾摩B見朋友滿有好奇，就娓娓道出『MiC』的前世今生。

甚麼是MiC？

「MiC的全寫是Modular Integrated Construction（組裝合成），簡單來說就是預先建造好不同模組部分，最後再一次過組裝，就如砌積木般。」福爾摩B回覆說。朋友傳來連續3個驚訝的表情符號，福爾摩B的拇指繼續於電話螢幕上奔馳，寫到：「不同模組會預先在廠房中完成，例如單位間隔、屋宇裝備配置、飾面裝修、衞生潔具，甚至乎入牆櫃等。所以當組件送達工地前，已大致完成。」「好像很神奇呢……除了間隔之外，預先裝好電器可以嗎？」朋友字裏行間滲透着點點挑戰的玩味。福爾摩B不加思索回覆：「可以。」再繼續說：「一些固定的電器例如：

預製浴室內的熱水爐、電燈，甚至門框，都可以預先裝上，可減省不少現場施工工序及時間。」

MiC 的好與壞

「厲害，想不到連熱水爐都可預先安裝！聽起來真的方便多了。」朋友回覆。福爾摩B接着解釋MiC 其實優點很多：「對呀，MiC 雖然前期設計及廠房建造功夫較多，但只要安排得宜，整體流程都會更暢順。加上於廠房已完成大部分的功夫，到現場組裝時可減少建築過程受天氣、人手和施工場地限制的影響。」朋友竟然再次秒回：「工廠可流水作業，工地現場則可以加快組裝。真的很不錯！」福爾摩B想不到朋友那麼有興致，於是繼續低頭回覆短訊寫到：「除了快之外，MiC 可方便管理施工質素，同時也減少了高空工作的需求和其他工序，讓工地變得安全多了。」「太好了，這就可減少意外發生！」但每項技術都有好壞兩面，福爾摩B皺了一下眉頭，回覆說：「MiC

的確好處多多，但當中也有一些限制，例如不同組件之間的空隙會否漏水、防火問題等。因此，我們 QC 要好好把關，務求可以『快、靚、正』！另外，因為運輸、吊運和臨時存放模組需要較大空間，一些較狹窄的地盤也未必適合 MiC 建築。」

「這個可說是新技術嗎？」朋友問。「其實許多國家早年已經採用了 MiC 方法建造樓宇，而香港也於 2017 至 2018 年間逐步推動使用這建築方法。」

福爾摩B回覆後，突然睡意來襲，打了個呵欠，看看手機朋友再傳了個訊息：「Oh I see！我實在是孤陋寡聞！安頓後，一定要招待你來吃餐便飯，要賞面呀～」「一定，再聯絡！」覆罷，福爾摩B放下手機，伸一伸懶腰就去梳洗休息了。

風雲之八

MiC 起好 D 住好 D

上回提到，福爾摩B的朋友終於可以入住科學園創新斗室。而今天，就是福爾摩B上門拜訪的日子。「歡迎，隨便坐！我好不容易收拾好，又打掃乾淨，才可以邀請你上來坐坐。」朋友一邊開門，一邊說道。福爾摩B說：「小小意思，祝賀你入住斗室。」，並同時送上禮物。朋友揚一揚手，示意福爾摩B可以到客廳坐坐。朋友說：「我都是入住時才知道原來這裡是香港首個以MiC組裝合成落成的建築物。」「是的，當中其實是用了混合結構，有15層MiC樓層。」福爾摩B回應說。朋友一面驚訝，說：「那麼……就只有兩層不是用MiC建成的！」

MiC 組件由工廠到工地

朋友從廚房拿出剛沖好的兩杯普洱，輕輕放到茶几上。福爾摩B拿起茶杯，呷了一口，說：「斗室總共有418件組件，由組件生產到完工，大概只用了一年。」「那麼多組件，只需一年就完成，真的很快。」朋友說。「上次提過組件會先在工廠完成，再到工地組裝，所以的確快很多。」福爾摩B說到。朋友靈機一觸，側一側頭問：「雖然組件已在工廠完成，但要運到工地，路途遙遠，會否很容易爛掉？」福爾摩B笑一笑回答說：「的確。一般來說，運送都會以陸路為主，個別模組大約2米半闊，整個模組會先小心包好，再直接放上大貨櫃車運送到工地，所以途經道路一定要有足夠闊度。當然，為了可以保護各部分可『無穿無爛』送到工地，運送前都會做好保護措施，把內部的傢俬、電器等預先包好。」

朋友點着頭說：「原來如此。」

審批三寶專業人士把關

朋友活動一下雙臂，準備站起來的樣子，他說：「雖然單位不太大，但你想參觀一下嗎？」福爾摩B站起來，說：「當然！」說罷，他們參觀了廚房、洗手間和房間等地方。最後，停在窗前，繼續聊天。福爾摩B指着窗外的景色，說：「這個無敵大海景，實在是百看不厭。」朋友說：「真的！話說回來，知道斗室是用 MiC 建成，我本來有些擔心漏水問題，但早兩天下過大雨，我就知道自己多慮了。」「你大可以放心，每個模組都會經過審批，不論從漏水、防火和結構上，都會由建築專業人士把關。而 MiC 組件裝好後，亦會做些防滲水的處理，確保接口不會有滲漏水的問題。另外，你有沒有發現你在單位內其實看不到修口，就與普通興建的大廈一樣。」福爾摩B答道。

朋友一臉驚奇，說：「真的，你不說我也沒有留意到。」福爾摩B繼續說：「因為單位是獨立模組組成，所以設計師設計時，都會用了些簡單的方法將夾縫隱藏，基本上都不看到修口的。」朋友說：「對，整體也挺舒適的，和平時的建築都差不多。」他們倆說着，就走回沙發坐坐，繼續呷呷茶、談天說地。

香港大學黃竹坑學生宿舍
WONG CHUK HANG STUDENT RESIDENCE
THE UNIVERSITY OF HONG KONG

風雲之八

MiC——說走就走的大樓？

今天風和日麗，福爾摩B帶着輕快的腳步，來到深水埗閒逛。他先到咖啡店喝了杯熱美式，又吃了蛋糕做早餐，就起行了。走着走着，福爾摩B來到南昌街，剛好來到「南昌220」拆遷後的地盤對面。「對面街不是有幢樓嗎？明明兩個月前還有的。」福爾摩B聽到一把女生的聲音說到。他聞聲轉頭一看，原來是一對母女在閒聊。女生的媽媽指指對面街，說：「對喔，不是住宅來的嗎？好像才一陣子，怎麼不見了。」聽罷，福爾摩B禁不住搭話：「對面是全港首個以組裝合成法建造的過渡性社會房屋，由開始組裝到入伙不到一年時間，今年2月就完成任務，進行遷拆。」

由組裝到入伙一年不到

「太快了吧，組裝到入伙不到一年……等等！你剛剛說『組裝』？」女生很聰明，一下就聽出重點。福爾摩B立即接話：「說得沒錯，就是『組裝』。『南昌220』是用了組裝合成建築法，簡稱MiC建成的。建造時，就像積木般，一次過組裝；拆卸時，一次過移除。MiC其中最大的好處是提升建築效率，縮短施工時間，讓工程更環保和安全。」「難怪可以說拆就拆。」母親連辦點頭說。福爾摩B順勢介紹到：「這項目用了68件不同大小的組件，提供了一至三人及無障礙單位，一共89個。」

女生看似若有所思，問：「但才用不到三年就要拆卸，不會是因為安全問題吧？畢竟，用那麼短時間建好，感覺哪裏怪怪的。」福爾摩B笑一笑，回應說：「你大可放心！MiC是以永久性住屋標準建造，使用期可長達30至50年，而某些建築設計更可以預留日後拆卸組件後重新裝嵌。」

拆完再重組無難度

女生和母親一臉驚訝，同聲說：「還可以拆完再建？」「是的，以『南昌220』項目為例，組件遷離地盤之後，經過檢查和翻新，將會搬遷到大埔黃魚灘的過渡性社會房屋項目重複使用，如展開新生命一樣。」福爾摩B解釋說。「縮短建築時間已經很了不起，沒有想過還可拆完再搬到另一個地方再用，靈活至極！」女生驚嘆。福爾摩B繼續說：「靈活度是MiC的一大優勢，可以好好善用私人發展商與政府的閒置土地之餘，又可緩解土地需要，更不會造成浪費。以『南昌220』為例，只有短短兩年期租約，同樣可以發揮作用，絕對是一舉多得。」

「除了這個項目，香港還有其他MiC建築嗎？」母親似意猶未盡，再追問。福爾摩B亦樂此不疲地解答：「當然有，雖然整體來說MiC在香港未算廣泛使用，但是也有不少項目採用了MiC建築法。例如：工程進行中的黃大仙、柴灣、洪水橋等不同地區的『過渡性房屋計劃』、香港大學和香港城市大學學生宿舍等，未來都會陸續完工。」

「今天實在長知識！談了那麼久，都不知道時間。」女生看看手錶，大概是與母親有事要辦。福爾摩B很知情識趣，隨即說：「我有事先行了，有機會再聊。」然後，他們各自繼續今天的旅程！

風雲之八

看不見的酒店神秘空間

夏日熱辣辣，適逢外甥女曦曦放暑假，福爾摩B和姐姐一家相約去酒店Staycation（宅度假），享受酒店消閒設施之外，又可以享用自助餐，好不寫意。他們相約在酒店大堂，辦理入住手續後就到房間安頓。踏出軨門，曦曦先拔頭籌說要搶先找到房間，誰知才轉了兩個彎，她就說：「走廊又長，房間又多，看起來還要一式一樣，好難找。」幾個大人馬上哭笑不得，福爾摩B說：「誰叫你不看門牌呢？雖然看起來全部都是房間，但其實並不是喔！」「不是房間？還可以是什麼？」曦曦問。話音未完，曦曦媽媽指著前面的房間：「到了，進去再說吧。」

消失的儲物室和秘道

他們預訂了家庭式酒店套房，進房間後，曦曦父母就馬上檢查酒店房的日用品等是否齊備，發現尚欠兩條毛巾，就立即致電到前台查詢。不到一會，馬上就有職員敲門送上毛巾。福爾摩B和曦曦說：「有沒有想過，為什麼毛巾可以瞬間就送到我們房間呢？其實酒店的每一層，都隱藏了一些儲物室，存放不同用品，酒店職員可以最快速度滿足客人需要。」「難怪可以這麼快！還有其他隱藏的地方嗎？」曦曦問。「當然有。酒店的床單被鋪是每天更換的，一層酒店的房間那麼多，如果要你把這些床單都送到清潔的地方，你會怎樣做呢？」福爾摩B決定考一考曦曦。

「把他們放到一個大籃子，然後乘升降機？」曦曦回答。「的確可以，但這樣做效率低之餘更會常常佔用升降機，很不化算。因此，就有布草槽的出現了！布草槽就如一條隧道，直接把所有床單被鋪直接送到布草房，即是負責管理及清洗酒店所有紡織、布製品和制服的部門。」福爾摩B解釋道。「整條隧道都可以隱藏？真厲害！我都好想試試『瀡』落去。」曦曦興奮地說。「聰明的建築測量師才不會讓你找得到『布草槽』啊！」福爾摩B笑笑說。

酒店底下未必是鬧鬼故事

休息過後他們到酒店餐廳進餐，再參觀了酒店不同設施，最後回到房間休息。他們打算明天到泳池游泳，卻忘記了看開放時間。正當曦曦媽媽拿起電話要詢問前台之時，曦曦悄悄地問福爾摩B：「到已經晚上10點，還有人聽電話嗎？」「酒店是24小時運作的地方，當然有人接聽。你知不

知道酒店地底藏了些什麼？」福爾摩B忽然用陰森恐怖的聲音問曦曦。

「我不要聽鬼故事！」曦曦馬上掩耳。曦曦媽媽對福爾摩B使了一下眼色，示意他不要裝神弄鬼，免得曦曦晚上發惡夢。福爾摩B馬上補充說：「為了可以24小時運作，酒店地底其實是個地庫，裏面有員工餐廳、沐浴更衣、休息的地方和維修部等，解決職員的日常和工作需要。所以說，除了我們眼前見到的地方，酒店的後台比我們想像中大很多。」

「酒店職員還有自己的餐廳，一定能吃到很多美食。」曦曦一副饞嘴的樣子說。

「你就只會想着吃的。但酒店的設計上，除了滿足客人的需要、房間乾淨舒適之外，還會照顧到很多酒店職員的實際工作需要。所以設計時，都要顧及各部門的工作流程，務求貼心職員，提升效率之餘，也盡量減輕他們工作。」福爾摩B說。「能夠照顧各方面的需要，真的不容易！」曦曦說。福爾摩B再說了些他住不同酒店的故事，為第一天晚上的Staycation畫上句號。

設計風雲

風雲之八

走進旅館世界
細看酒店貼心設計

今天，福爾摩B請了半天假休息，相約到做生意的朋友Ken下榻的酒店用膳，順便試試新菜式。福爾摩B先到餐廳坐下，不久Ken就到了。「抱歉，剛剛在會議中，所以遲了一點。」Ken馬上說。「小事，最近在忙些甚麼？」福爾摩B關心道。「最近生意都尚算順暢，就和其他朋友研究要不要投資一些新生意。他們好像想開賓館、酒店，是甚麼餐廳的。」Ken說。「酒店和賓館之間可存在天淵之別！要做酒店一點都不容易，賓館、餐廳就相對簡單多了！」福爾摩B說。「我真的沒有甚麼概念。我們先點菜吧！待會再向你請教。」

酒店賓館牌照大不同

他們點菜之後，繼續聊起來。「酒店和賓館之間最大差別是甚麼呢？我以為他們是差不多的。」Ken看似相當疑惑，就問道。「一般來說，香港住宿，分為酒店和賓館。基本上，獨立一幢物業才叫『酒店』；『賓館』的話，一般都是大廈裏的某幾個單位或者其中幾層。例如油尖旺區也有不少大廈裏面有賓館在其中，而一幢大廈也可以有很多家賓館。」福爾摩B回答說。「果然是天淵之別，我應該沒有足夠資金買地又起樓。」Ken自嘲笑笑說。「如果是開設賓館的話，相對就比較容易了。但當中也牽涉改變用途等牌照問題，相反酒店用地天生就是酒店用途，

不牽涉其問題。所以單從名字就可以知道兩種住宿有本質上的不一樣。」福爾摩B說。「了解。看這裏裝修得美輪美奐，如果能自己開設一間餐廳，好像也不錯。」Ken還看了一下酒店餐廳說。

「你知道嗎？這裏有獨立的餐廳牌照，並不隸屬酒店其下。」福爾摩B接話。「我還以為酒店餐廳一定要隸屬酒店牌照。」Ken說。「其實兩種做法都可以，但分開申請的好處是，即使酒店牌照有任何阻滯，也不會影響餐廳牌照，餐廳可以照常營業。」

酒店地氈暗藏設計心思

聊着聊着，午餐也陸陸續續送到。他們一邊閒聊，一邊進餐。用餐後，Ken說：「一會兒要不要帶你參觀一下酒店？順便當散散步。」「也好，我最喜歡參觀不同地方！」福爾摩B回答說。「我們先到23樓的行政酒廊（Lounge）看看。」Ken說。

到了23樓，就在出門的那一刻，Ken帶點抱怨說：「住宿感受再好，唯獨最不喜歡行地氈，走起路來，老是不順。」「雖然行起來沒有很順，但其實地氈是刻意設計的。你會發現，酒店樓層走廊和房間都是以地氈鋪地。主要目的是要隔音，減少行李箱經過和客人在房間走動時製造的噪音。」福爾摩B解釋說。「原來是這樣，原來是我誤會了。我還一直以為地氈鋪地，只是為了美觀。」Ken有點不好意思地說。「畢竟酒店24小時都有人進進出出，因此隔音設計絕不可少。而每間房都有隔音設計，務求住戶可有安靜舒適的環境休息。」福爾摩B補充說。

「果然不能小看建築師的細密的心思！」Ken說，之後還帶了福爾摩B參觀行政酒廊、健身室、酒吧等不同地方。看着時間差不多，福爾摩B說：「多謝你帶我參觀，如果之後有甚麼生意大計，記得多多關照！」「一定一定。」Ken笑笑，拍了拍福爾摩B膊頭說。

風雲之八

踏進影院
揭開銀幕的神秘面紗

近期有不少電影上畫，福爾摩B和朋友到IMAX戲院看電影。電影播映完畢，場燈也亮起來了，福爾摩B說：「這場電影真的物超所值！」「是喔，電影製作非常認真，演員也相當出色，絕對值回票價！」朋友回答說。「電影陣容當然出色，但是，在物超所值的是電影院本身！」福爾摩B一邊環看影院，一邊說。「這裏除了門票較貴之外，不就是銀幕較大和座椅比較舒適嗎？」朋友說。「我先賣個關子。你邊行邊留意一下這裏的環境，別小看任何一個細節！」福爾摩B說罷，就一起離開影院。朋友也不忘多看影院幾眼，試圖想看出個端倪。

看不到的影畫聲效

他倆去到附近一間餐廳，點餐後，朋友就急不及待說：「其實除超巨大弧形螢幕、電影畫質更細緻之外，我這門外漢，實在不了解如何物超所值。」「你剛剛看戲所感受到的臨場感、澎湃的聲效，其實都經過建築測量師的精密計算。他們也巧妙地收起了不可或缺的組件，只讓你看到影院的某部份。」福爾摩B說。「願聞其詳。」朋友亮起了眼睛說。「你回想一下，剛剛有看到喇叭嗎？有不少人都戲院看電影，追求畫質之外就是喇叭的強勁音效。」福爾摩B說。

「難道是在天花嗎？」朋友猜。「說的也沒錯，有些影院的喇叭也會裝在天花。而天花其實還藏了冷氣機，除了美觀，其安裝的位置也大有學問。因為冷氣氣流會影響投射出來的畫面，所以冷氣機都會裝在天花的左右兩邊，避開螢幕的中線。」福爾摩B解釋說。

朋友想了想回答說：「你不提起，我都沒發現意影院內沒有冷氣機的蹤影。更沒想過氣流會影響畫面。喇叭還會在其他地方嗎？」福爾摩B笑了笑，點點頭說：「如果你揭開銀幕，你就會發現背後藏着很多喇叭。不論在音響佈置、隔音、吸音，當中經過精密設計和安排，務求讓觀眾更投入電影世界。」「原來影院背後有那麼多設計心思，果然是物超所值。」朋友看似相當滿足。

爆谷機：戲院的門面擔當

「疫情後，我已經很久沒有去過戲院。今天才發現戲院小食部多了很多不同的食物，從前好像只有爆谷和汽水。」朋友接着說。「是的，現在不少影院的小食部都有廚房，裏面還藏了真正的爆谷機。」福爾摩B接話。「爆谷機不就是我們剛剛看到的那一部嗎？」朋友不解。「那只是做做樣子，它爆不了太多爆谷。加上製作爆谷油煙不少，所以廚房有部產量高的爆谷機和獨立排煙系統，不然油煙太大。」福爾摩B說。「原來是這樣！有時深宵煲劇心思思想吃戲院爆谷，但小食部都已經關了。」朋友聳聳肩表示無奈。「那是因為戲院小食部的食肆牌照營業時間規定要和戲院的營業時間一樣。所以，有沒有爆谷吃，就要看戲院幾點關門了。」福爾摩B打趣說。他們之後又繼續談談電影劇情和演員的表現，聊着聊着就過一個下午。

風雲之九

調查睇樓伏位事件

委託人：新婚夫婦

「我跟老公辦婚禮已經很忙，明天仍要約業主再睇樓。我們十分喜歡這個單位，如合適的話就會買入。」一對新人擔心買樓中伏，卻又不知睇樓要檢查那些地方，前來請教睇樓貼士。「我應該怎樣做？開全屋水龍頭，再敲一敲每幅牆？打開每隻窗？影相，拍片？」

福爾摩B舉起食指，緩緩放在嘴唇上，打斷對方機關槍式問題，不慌不忙回答：「七」，準新娘不明。福爾摩B道出關鍵：「睇樓要留意以下七大伏位！」

睇樓七大伏位

滲水問題可謂住屋「入門版」兩大伏位，福爾摩B司空見慣，向準新娘說：「煮食、打掃、個人衛生，無一不涉及明暗喉管老化或破裂，滲水首當其衝。

凡事皆有跡可尋，單位內「舉頭望天花，低頭望地板」，牆身浮現水泡甚至有油漆剝落，滲水問題八九不離十；尤其要金睛火眼地檢查地腳線（即地面與牆壁的連接部分）和地板是否有發黑跡象。單位外，則要留意大廈外牆、窗邊和玻璃幕牆保養狀況，例如泛黃、油漆剝落。如有發現，一律向管理處「問到篤」，查詢是否曾有漏水個案。睇樓有如找伴

侶，內外兼備最理想！檢視過房屋內部，就要打開窗觀察外在環境，迎來的可能是連續三個攞命伏位：

一、外牆/幕牆滲水。

二、樓上單位滲水兩大常見睇樓伏位。

三、違法改裝及僭建：正當他們檢查完天花和外牆，準新娘雀躍地介紹，「最欣賞這個開放式廚房的設計，慳位又美觀。」福爾摩B提醒，「開放式廚房，不論是使用明火爐具或電磁爐，都很大機會涉及違法改裝，其他常見的違法改裝還有圍封露台及加建閣樓，會為樓宇結構構成安全風險。意外一旦發生或物業轉手時，保險無法承包損失之餘，按揭亦可能遇上困難。」

「近期網上有人分享因為違法改裝而申請按揭失敗，我們應如何分辨違法改裝？」準新郎緊張地提問；「可向屋宇署索取批准建築圖則、改建和增建圖則、小型工程紀錄，一看便知龍與鳳，有需要可找專業人士如建築測量師作檢查。」福爾摩B輕輕扶着鏡框，「記住買樓前要認清物業的『前世今生』。可經土地註冊處網站查冊，釐清單位業權、物業過往的成交紀錄、屋宇署命令紀錄等，全面幫物業『起底』。」

四、私隱度：「呀Ben，對面正在焗黑糖麵包！」準新娘在廚房的窗中，興奮地窺探對面單位下廚。福爾摩B再次提醒，「你看人煮，人看你煮，私隱度是每個單位的必考課題。別以為關窗、裝窗簾就無問題，事關每一扇窗皆牽動全屋通風、採光和空間感，物色樓盤時，切記檢查露台、洗手間、窗扇有否私隱度不足問題。」

五、噪音：福爾摩B走到窗前，「這裏風景不錯！」準新娘對單位的景觀甚為滿意，福爾摩B瞥一眼，「噓！」示意他們安靜，然後推開窗戶，隨之迎來一片「噪」動。

福爾摩B解釋着，「這個單位靠近電梯槽及機房，加上大廳的窗面向馬路，而旁邊正是公共運輸交滙處，難怪合奏噪音『交響樂』。」如發現潛在噪音問題，便要三思能否忍受，否則入住後將會受盡煎熬。所以緊記在平常時段睇樓，眼觀四面，耳聽八方，才能避免買入噪音樓。

六、景觀及坐向：福爾摩B認為「睇樓總要在日落前。」西斜單位一般到下午就又熱又曬，強光刺眼。日落前睇樓，不單可檢視單位是否有西斜問題，並可觀察單位附近是否有建築工程施工中，評估該建築物落成後對居住環境的影響，會否帶來景觀破壞的風險。「除實地考察也要做足功課，查看分區計劃大綱圖，可幫助了解景觀是否永久還是只有一剎那的光輝。」

七、家具及電器：準新娘正研究着電視架，「這個電視架真好，怎樣轉都可以。」福爾摩B叮囑，「記得要向業主訂明哪些裝修或家電會隨樓附送及保留，並在合約上列明，避免不必要的爭拗，不要令自己『一肚氣』。」在檢查完所有伏位後，準新娘嘆氣說着，「原來筍盤很難找！」準新郎開玩笑指着自己說，「還不快些支付訂金？」

風雲之九

驗窗知多少

福爾摩B應邀到好友Anson家中共同觀賞奧運賽事，甫踏進屋內參觀，便留意到房間窗外搭建了棚架，Anson嘆氣說：「沒辦法，這大廈樓齡已達30年，硬件日漸老化，最近冷氣機壞，便搭棚準備更換。」「兩日後會有颱風。」福爾摩B叮囑Anson作為業主要確保棚架穩固及安全，颱風前更須敦促棚架工人檢查棚架狀況，有需要就立刻進行維修。另外，在工程完成後應立刻拆除棚架，避免因日曬雨淋或強風吹襲而墮下傷及途人。他續指，颱風前要確保所有可開啟的窗戶已穩固地關閉並鎖緊。

颱風來不能依賴膠紙

Anson不耐煩地揮了揮手，「明白了，師父。我早在風季來臨前已購買大量牛皮膠紙，稍後會把全部窗戶貼上『米』字型，即使刮8號颱風也不怕。」福爾摩B隨即上前查看，又嘗試推開窗戶，然後臉有難色地搖頭：「不合格。」Anson大感驚訝，福爾摩B指出，「這鋁窗的防水膠邊老化並出現縫隙，暴雨下很大機會出現滲水情況，窗架亦開始變形，開合時不順暢。旁邊那扇窗的窗鉸甚至有少許鬆脫，如不盡快處理，恐怕有墜窗危機。」

Anson惆悵地說：「早前收到強制驗窗的通知，但看似十分麻煩，所以……」福爾摩B打斷Anson，「不遵從強制驗窗的法定通知，除了要罰款，屢犯者更可能需要監禁。身為業主的你，如接獲屋宇署的強制驗窗計劃的法定通知，須委任一名合資格人士，進行訂明檢驗，並委任註冊承建商執行所需的修葺工程。」

屋宇署定期抽樣檢查

Anson擦了擦額上的冷汗，福爾摩B補充：「剛才經過你的大廈外圍，我的建築測量師職業病發作，留意到外牆破損嚴重，鬆脫部分隨時有可能擊中途人，情況不容忽視。你應與業主立案法團商討，安排承建商將所有鬆脫的瓷磚移除和更換。你知道嗎？屋宇署會向樓齡達30年或以上的私人樓宇，進行抽樣的驗樓檢查，與驗窗計劃流程相似，不過謹記要委任一名註冊檢驗人員進行檢查，並須在一名註冊檢驗人員監督下進行工程。」

Anson聞言更感憂慮，得知福爾摩B也是合資格人士，打算抓緊眼前這株救命草，「明天有劍擊賽事，不如我們一同觀賞，完賽後你再幫忙驗窗。」福爾摩B看見Anson如此焦急，當然不能放過這個千載難逢的好機會來大佔便宜，笑道：「最近有酒店推出自助餐優惠，不如我們先去吃個豐富午餐再驗窗？」

風雲之九

踢爆化粧樓

上文提及 Anson 答應請福爾摩B到酒店食自助餐，以答謝他檢驗家中窗戶。正當二人在餐廳大吃大嚼的時候，一位陌生女子突然走近向福爾摩B打招呼。他定睛一看，驚訝得連嘴角的醬汁都忘了擦掉。原來眼前這個粧容精緻的女士，竟然是當年外表平平的中學同桌 Gigi。她聽聞福爾摩B是名建築測量師，故邀請他日後幫忙睇樓，順便聚舊。

兩日後，地產經紀帶二人參觀旺角鬧市的單位。雖然大廈樓齡高，但是單位內部裝修卻比想像中新淨，而 Gigi 對單位亦相當滿意。福爾摩B卻打斷一臉陶醉的 Gigi 說：「凡事不能單看表面。」

疑點一：假天花暗藏危機

福爾摩B走入睡房，發現樓底並不高，竟然還裝了假天花。福爾摩B好奇揭開假天花板，發現暗藏危機，原來結構天花板上已出現油漆剝落及發霉的情況，甚至露出生鏽鋼筋。「此化粧手法看來不簡單。」福爾摩B扶一扶眼鏡，繼續仔細檢查單位。

疑點二：大型家具遮牆身

「隨屋附送家具真划算。」Gigi 檢查客廳內的衣櫃和掛畫，福爾摩B卻質疑，「可能是遮醜小技倆。」於是移開衣櫃，揭起油畫，便發現後面暗藏發黃及油漆剝落的牆面，而衣櫃下面的木地板則凹凸不平及發黑，代表漏水問題已持續了一段時間。

疑點三：牆身顏色不一致

福爾摩B環顧單位，發現牆身、天花、廚房及廁所外的腳綫有明顯的白漆痕迹，與稍微泛黃的牆身顏色不一致，「業主為了遮掩腳綫有裂痕或滲水痕迹，鋪上『粉底』遮醜，但卻治標不治本。」除此之外，廁所內的渠道更遭到胡亂改裝，或導致防水層、暗喉等破損，可能引發滲水問題，甚至牽連下層單位，需更進一步調查，不能單看表面。

疑點四：間隔板隱藏爛窗

「這道牆像酒樓間隔板，難道業主喜歡中式風格？」Gigi推測着。福爾摩B拿着圖則對照，再望望裝飾牆邊的空隙，原來背後隱藏着圖則中的

窗，「業主有機會因窗邊有滲水問題，無法再『上粉』，乾脆以裝飾牆覆蓋。」

Gigi 心灰意冷，「果然筍盤難求，表面靚仔，實質竟是『化粧樓』。」福爾摩B指出，業主會用最低的成本，快速為單位作表面上翻新，掩飾缺陷。單位雖則看似光鮮亮麗，但是當買家真正入住時便會發現隱藏的各種問題，甚至要花費數倍費用翻新，所以投資前也應考慮計算成本在內。

福爾摩B再補充，「這個單位並非『重粧』，而是達至易容術程度。」Gigi 輕笑，「好彩我都只是化粧，並非易容。」福爾摩B掛着尷尬而不失禮貌的微笑回答，「當然。」

風雲之九

一手樓收樓小百科

最近天氣開始回暖，福爾摩B決定趁周日外出賞花，可是剛到達公園，便偶遇初中同學Alice和其初戀男友Charles在甜蜜合照。福爾摩B不禁歎氣，自己的「桃花」尚未遇到，竟先被閃盲了雙眼。多年沒見的三人相談甚歡，Alice幸福地表示，他們是在分手20年後再度復合，而且今日更是兩人收樓的大日子，便邀請福爾摩B與他們一同參觀新居，共同分享這份喜悅。以下提供樓宇檢驗的3個貼士：

一、屋內的基礎結構

Alice的新居在一個新落成的私人屋苑內，剛踏入單位，一對情侶便打算去露台欣賞一下風景，但是卻發現趟門難以拉開。福爾摩B表示：「驗樓的首要工作就是要先檢查屋內的基礎結構，就如這扇趟門。」確保鋁窗及露台的趟門開關順暢，其玻璃亦沒有任何氣泡或崩裂，並檢查地板、牆身、門框，確保平坦而沒有裂痕，以及浴室的牆身是否有「空心磚」或「甩手」情況。

二、與水有關的地方

「廚房的設計不錯，將來我還可以在此放置新家電。」Alice興奮地說。「就如找另一半，除了留意外在，內在同樣重要。」福爾摩B隨即打開廚房的洗滌盆，又嘗試開水喉，竟發現有漏水情況。「除了廚房，亦需要檢查屋內其他渠管，包括浴室的洗手盆、廁所水箱或假天花內的渠管，而浴室的企缸及露台的地台斜水是否足夠，並確保任何去水位是否暢通。」

「最近疫情經常提及隔氣，是否一定要安裝？」Charles好奇地詢問。福爾摩B嚴肅地說：「一定要。」不同的去水位如洗手盆、座廁、浴缸或企缸均須有隔氣，以阻隔細菌從排水口傳入屋內。

三、家具操作必檢查

「今次附送了不少家電，大大節省了一筆錢！」兩人高興地點算着。「除了點算外，亦須檢查可否正常運作。」福爾摩B指出，須檢查屋內所有家電，包括冷氣機、插頭、洗衣機、抽油煙機、煮食爐等。

發展商執漏維修

「這間房的冷氣機無法開啟，不知道是插頭還是機件有問題。」Charles憂心地說。「住戶可要求發展商修理妥善後才入伙。」福爾摩B補充，買家須填寫缺陷清單，並向發展商遞交驗樓報告，發展商便會安排「執漏」維修，需時約2周至1個月。業主其後須再次驗收，以確認單位執修完成。

「驗樓要留意的地方可真不少，幸好有你這個專業人士助陣！」兩人感激地說。福爾摩B露出自信的笑容表示：「建築測量師又稱『樓宇醫生』，對樓宇問題當然瞭如指掌。日後有甚麼樓宇問題都可以聯絡我，我的電話號碼也跟20年前一樣。」

MONO

風雲之九

「縫」凶化吉

驗樓風雲

福爾摩B在西環完成工作後，順道去買著名的布甸麵包孝敬母親。不過，竟然沒有人在麵包店排隊。福爾摩B起初竊喜，但他看到老闆Bobby愁眉苦臉，問道：「你好，請問發生甚麼事？」Bobby回答：「旁邊大廈有很大條裂縫，不少客人擔心那幢樓會倒塌就不過來了。」福爾摩B一聽見與樓宇有關，就走出簷蓬外觀察，果然在低層單位發現一條長約2呎的裂縫，同時有外牆剝落問題。

日久失修生裂縫

福爾摩B托一托眼鏡，看到簷蓬底部露出鋼筋，便說：「香港樓宇大多採用鋼筋混凝土設計，設計壽命一般為50年……」嚇得Bobby立即跑出來，說：「這幢樓已經50年，豈不是很危險？」福爾摩B笑言：「不一定，若保養和維修妥當便可減慢老化速度。」Bobby鬆一口氣，問：「為何會有裂縫？」接着，福爾摩B指着裂縫解釋：「這是結構性裂縫，比如這條斜狀裂縫橫跨牆壁，深至混凝土結構，負荷過重或物料老化是成因之一。」Bobby說：「想必是老化所致。」

他們談話時，偶爾有人跟Bobby打招呼，故此福爾摩B猜他住在這幢大廈，問道：「你是業主嗎？」「對。」福爾摩B又問：「外牆屬公用地方，應由業主立案法團解決，而這個露台是單位的建築物，屬私人地方。如果你認識涉事單位業主，可否催促他盡快維修？」Bobby突然嘆氣，娓娓道來：「唉，我當然認識樺哥，他是熟客。裂縫早在幾個月前出現，屋宇署曾發出過甚麼『探測令』，可是一時找不到他。」

屋宇署或會干涉

福爾摩B更正他：「你所說的是『勘察令』，屋宇署針對有早期損毀迹象的樓宇，要求業主或立案法團聘請認可人士對樓宇進行詳細勘察，然後提交修復方案。」福爾摩B神色凝重地說：「樓宇問題不能一拖再拖。就算找不到業主，一旦屋宇署認為建築物可構成危險、急需解決，建築事務監督會發出『修葺令』，署方代為進行工程，向業主收回工程費用，另加監督費及附加費。」

Bobby扶額：「樺哥已退休，子女又移民，他身無分文，怎麼辦？」福爾摩B見到他身後有兩條光滑、畢直的「工字鐵」卸載露台負荷，相信是剛安排加建的，他拍Bobby的肩膀，安慰道：「放心，應該無即時危險。你趁這段時間聯絡樺哥，委託經屋宇署註冊之認可人士勘察，最後緊記找註冊承建商維修。」

Bobby聞言放下心頭大石。為表謝意，他請福爾摩B吃店內的人氣布甸麵包。然而，當福爾摩B接過麵包時，察覺麵包變硬，因此他婉嘆：「麵包放久了會變硬，樓宇隨年月增長也會老化，所以要定期驗樓……」Bobby搶答：「有需要就要翻新。」隨即，他拿走福爾摩B手上的麵包，說：「我幫你翻熱吧！」

風雲之九

檢驗露台

午膳時段，福爾摩B在公司茶水間沖咖啡，無意間聽到接待處職員Lisa跟其他同事的談話內容。Lisa雀躍地對其他同事說：「我千挑萬選，終於物色到一個心儀單位，它所在的大廈樓齡29年左右，我最愛的地方便是露台，因為景觀開揚，又能夠望海景。」福爾摩B不禁插話：「萬中挑一的單位亦要確保萬無一失。露台景觀固然重要，但安全更為重要。」

露台屬強制驗樓計劃範圍

福爾摩B解釋：「露台一般以懸臂方式由牆壁伸出，位於室外地方，它因日曬雨淋令其結構較容易被侵蝕而變差。該單位所在的大廈接近30年樓齡，而根據強制驗樓計劃，樓齡達30年或以上的私人樓宇（不超過3層高的住用樓宇除外）的業主，須在接獲屋宇署送達法定通知後，委任一名註冊檢驗人員，例如已擁有該資格的建築測量師檢驗樓宇，露台也屬於檢驗範圍部分，因此要注意露台安全。」Lisa問：「在強制檢驗計劃下，露台會檢驗甚麼部分？」福爾摩B回答：「露台的檢驗範圍涵蓋露台內部，包括天花、地台和石屎護牆內部等。」Lisa隨即描述露台：「單位內有一道玻璃敞門分隔開，地台是階磚，並設有石屎防護欄。」福爾摩B逐一說明：「你應確保玻璃敞門的玻璃膠完整，慎防滲水；玻

璃沒有出現黑點、氣泡等雜質；石屎天花和防護欄沒有石屎剝落、爆裂以及鋼筋外露等問題；去水位沒有淤塞情況等。」Lisa疑惑地說：「露台尚算是半新樓，應該沒有問題吧？」

注意違例工程

福爾摩B神秘兮兮地說：「多的是你不知道的事。」他接着說：「露台可能存在違例工程，包括加厚地台、玻璃圍封以及改低石屎防護欄。」

Lisa好奇地問：「原來玻璃圍封露台也屬於違例工程，可是我看見有些舊樓有圍封露台情況。」

福爾摩B：「你說得對，由於部分舊樓尤其是唐樓在落成時，露台是計算在總樓面面積以內，因此有些業主會圍封露台。至於這些圍封露台屬於僭建與否，則要視乎單位有否達致《建築物（規劃）規例》列明的採光及通風標準，以及圍封露台對結構物的荷載影響程度。如發現僭建物引致露台負荷過重、出現裂縫、結構損壞跡象，業主必須糾正或修葺。」Lisa反問：「即是我能夠於心儀單位合法地圍封露台？」福爾摩B搖頭否認：「如有關圍封露台工程涉及建築物結構，或導致處所的天然照明及通風不足，或令作為出口樓梯組成部分的露台違反消防安全規定等，則安裝窗、格柵及／或玻璃嵌板以圍封環保露台以外的露台不會獲接受。」

Lisa嘆氣道：「想不到一個小小的露台，要顧及的東西也這麼多。」福爾摩B笑言：「心儀單位難求，助你尋找安居之所的人卻易得。」Lisa明白福爾摩B的意思，她說：「知道了，以後看樓一定會找你這位建築測量師。」

其他

風雲之十

契の疑惑——樓契、地契、公契

福爾摩B今天上門到好友 Ben 的家居拜年，並送上「大展鴻圖」的祝福。Ben 笑臉迎接：「承你貴言！萬事俱備，我的創業大計只欠寫字樓。我正考慮租用工廈單位，早前參觀過的租盤我頗滿意，經紀亦聲稱那工廈單位可作任何用途。」福爾摩B警覺地握着雙手：「近日有工廈違反地契宣傳單位可作用途，因而被政府當局警告，你要小心看清地契。」

樓契、地契、公契の不同

Ben 大感驚訝：「甚麼是地契？」福爾摩B解說：「地契是政府與發展商或土地擁有者的合約，內容列明該大廈的土地用途，如工業、商業或住宅用途。」若大廈或當中的單位，需要用作地契列明以外的用途，必須向地政總署申請修訂地契或短期契約豁免書，並進行補地價，或支付短期契約的轄免費用。

一臉疑惑的 Ben 問：「與公契有何分別？」福爾摩B指出，當大廈擁有多個業主，便需要訂立公契，涵蓋守則，對物業的管理和使用所制定的限制。

常見的公契條款包括列明大廈公用地方、委託大廈管理、釐定可否飼養寵物等，部份大廈公契會列明單位可作之用途。

福爾摩B托著下巴：「另外還有樓契。」樓契是單位業權的證明，因應物業由原業主轉移到新買家，所制定的一份文件。所以在每次樓宇交易買賣時，都會有一份樓契。

租客須遵守契約

「樓契、地契、公契，都是與業主有關的契約，租客毋須理會？」Ben好奇詢問。福爾摩B交叉雙手：「非也。租借單位時，特別要留意地契及公契。」

就工廈單位的地契而言，如列明該工廈只可用作工業用途，在設計建築上可能只用作工廠或貨倉而設，若違反用途改裝成寫字樓或食肆，人流超出本身的預期，走火通道、消防設備會因而不合規格，存在消防風險。

至於公契，租客不能違反大廈公契列明禁止的行為，並須遵守與業主簽定的租約。

違反契約的後果

Ben追問：「剛才你提到有工廈違反地契出租單位，如不幸『中伏』租用了該怎麼辦？」福爾摩B嘆息：「發展商確有誤導之嫌，令人以為單位可作非工業用途。違反地契雖然並不算犯法，不涉及檢控，因為地契屬私人契約，地政總署是以地主身分執行地契條款，會向違契的業權人發出警告信，要求糾正違契事項。如不遵從可被『釘契』，持續違契甚至會被政府重收土地。若違反公契，如拖欠管理費、私自飼養寵物，屢勸不改，管理公司及業主立案法團有權入稟提告業主，申請禁制令及追討賠償。」Ben緊握拳頭：「看來在我大展拳腳之前，必須找個『投契』的好地方。」福爾摩B笑言：「放心，祝你『虎盡金來』！」

其他

風雲之十

天台屋爭奪戰

「別搶，這是我的。」、「搶甚麼？這分明是我的。」福爾摩B剛剛在這幢唐樓的一個單位內測量，打算上天台吹風，休息一下，豈料他看見有一男一女在天台爭執。

福爾摩B看不過眼，於是上前喝止：「先生，你別欺負女人。」Mia走到福爾摩B身旁：「對啊。這位帥哥，我叫Mia，你來評理，他在跟我爭天台屋的業權，我擁有頂樓的業權，天台屋的業權當然是屬於我的。」

那名男子激動地說：「別聽她說，這所天台屋的建築費都是我出的，分明我才是業主。」

查清天台業權

福爾摩B反問Mia二人：「你們真的知道天台屋業權如何判斷？」那名男子裝腔作勢地說：「當然知道。」福爾摩B試探對方：「這個天台屬於你，或是大廈公家地方？」

男子不明所以，福爾摩B解釋：「天台可能是由頂層單位業主擁有，或屬大廈公家地方，亦可能由第三方非業主人士取得獨立業權。若天台屬於公家的話」他指着男子說：「你，變相在霸佔公共地方。」

天台屋或違法

男子喊冤：「不會的，否則我怎敢加建天台屋？」

福爾摩B駁斥他：「那你可否知道，在唐樓加建天台屋可能違法？」

福爾摩B說：「通常發展商已經盡用所有地積比率，所以沒有剩餘的地積比加建天台屋。撇除地積比限制，就算有剩餘地積比，要加建天台屋，整棟樓宇必須由唯一一位業主擁有，或所有業主都同意，否則仍難以符合法例要求。」

他抬頭望見鐵皮搭建的屋頂，又補充：「天台搭建物屬於僭建。」

天台屋的問題

福爾摩B環視四周，不禁嘆聲：「唉，周圍都是」

Mia急切地問：「都是甚麼？」福爾摩B回答：「周圍都是電綫」。

他指着凌亂的電綫：「一般天台屋都是非法接駁電力，電力公司不會批准在僭建物安裝電力裝置。在樓宇結構方面，因應天台原先設計的用途非住用，唐樓天台的結構荷重一般比住用單位的荷重要求為低，加裝天台屋或對大廈結構造成超負荷。」

屋簷有水滴落在福爾摩B肩上，他皺眉說道：「加建天台屋還會為大廈帶來滲水的隱憂，施工時可能破壞天台的防水層，造成漏水及影響大廈結構。」

福爾摩B發現男子對天台屋的狀況懵然不知，接着對Mia說：「假冒業主，可大可小。小姐，請問你需要報警求助嗎？」Mia立即制止：「不用了，他是我前夫，我們可以自行解決。」

福爾摩B神色凝重地對他們說：「感情問題我不會管，但是樓宇問題，我必須插手。因為加建天台屋可能會阻擋向天台逃生的路徑，增加消防風險。」他再補充：「無論天台屋屬於你們何人，天台屋都對這幢唐樓的住戶構成危險，希望你們盡快清拆。」說罷，福爾摩B抖抖西裝，轉身離開。

鳴謝

每位參與過福爾摩 B 專欄創作的建築測量師

陳嘉敏測量師
陳美娟測量師
陳德鳴測量師
周炳芝測量師
張文滔測量師
葉志基測量師
郭柏威測量師
黎嘉文測量師
林繼衡測量師
林偉强測量師
劉卓傑測量師
羅福全測量師
李仲豪測量師
李偉峰測量師
李詠珊測量師
謝志堅測量師
黃健兒測量師

永遠懷念

周炳芝測量師

作者：Sr 福爾摩 B
版次：2025 年 7 月 第 1 版
出版：香港經濟日報有限公司 (iMoney 智富雜誌) iMoney Magazine
地址：香港北角渣華道 321 號柯達大廈 2 期 6 樓
6/F, Kodak House II, 321 Java Road, North Point, HK
電郵：imoney@hket.com
發行：藍出版 Bleu Publications
電話：3590 5239
電郵：info@bleu.com.hk
承印：藍出版 Bleu Publications
定價：HK$150
ISBN：978-988-76127-9-7